普天之下・盡是好書
普天出版家族
Popular Press Family
凌雲文創
A-Plus Creative Company

做人要有謀略

活用謀略，替自己創造更多機會

做事要有策略

Be Human by Wisdom

Thick Black Theory is a philosophical treatise written by Li Zongwu, a disgruntled politician and scholar born at the end of Qing dynasty. It was published in China in 1911, the year of the Xinhai revolution, when the Qing dynasty was overthrown.

心理作戰篇

美國作家亨利．梭羅曾說：

「能夠以最小的風力駕駛，從最大的阻力取得動力，才是最優秀的水手。」

現實社會中也是如此，能以最小的代價取得最大的成果，才是最高超的能手。現代社會形勢千變萬化，人必須兼具智慧與謀略，才能靈活機變，妥善巧妙地應付各種紛至沓來的情況。

善於心理作戰的人，總是會運用一些別人忽略的方法，獲得自己想要的結果。不管何形式的競爭，都必須根據不同情勢，採取相對應的方針，如此才能獲得勝利。

Thick Black Theory is a philosophical treatise written by Li Zongwu, a disgruntled politician and scholar born at the end of Qing dynasty. It was published in China in 1911, the year of the Xinhai revolution, when the Qing dynasty was overthrown.

公孫先生 編著

【出版序】

做人要有謀略，做事要有策略

• 公孫先生

許多有天分的人常常會恃才傲物，其實應該仔細想想，究竟該怎麼做才能讓自身的才能發揮更大功能。

出眾的才能，在許多人的眼中就有如閃亮的寶石，經常是價值連城的珍寶。

不過，在這個世界上，也有許多很難用來換取實際利益的才能，究竟該如何利用它們，就得靠我們的聰明才智了。

英國作家赫胥黎曾經寫道：「人生最大的悲哀，就是純真的想法，往往被醜陋的事實扼殺。」

一個再有能力的人，也要具備一些心機，更要懂得把心機發揮在可以勝出

的地方，如果你不具備一些城府，說好聽一點的是「單純天真」，說難聽一點的就是「愚蠢無知」。

空有滿腹才華卻恃才傲物，讓自己寸步難行，或是不知如何運用智慧，讓才華發揮最大功效，最後都會成爲失敗者。

十六世紀初，有很多科學家都面臨著生活艱難的處境，義大利天文學家及數學家伽利略也不例外。

有時候，他會把自己的發現和發明當作禮物送給當時最重要的贊助者，從他們那裡得到資助從事研究。然而，不管發現多麼偉大，這些贊助人通常都是送他禮物，而不是贈與現金，因此他常常沒有安定的生活。

一六一〇年，他發現了木星周圍的四顆衛星。這一次，伽利略經過一番深思，把這個發現呈獻給麥迪西家族。

他在寇西默二世登基的同時宣佈，從望遠鏡中看見一顆明亮的星星——木星出現在夜空中。

伽利略表示，木星的衛星有四顆，代表了寇西默二世和其三個兄弟；而衛星環繞木星運行，就如同這四名兒子圍繞著王朝的創建者寇西默一世一樣。

將這項發現呈獻給麥迪西家族之後，伽利略委託他人製作一枚徽章——天神邱比特坐在雲端之上，四顆星星圍繞著他。伽利略將這枚徽章獻給寇西默二世，象徵他和天上所有星星的關係。

同年，寇西默二世任命伽利略爲宮廷哲學家和數學家，並給予全薪。

對一名科學家而言，這是伽利略人生中最輝煌的歲月，四處乞求贊助的日子終於成爲了歷史。

多花點心思，往往會讓自己找到更寬闊的出路。

在這個人人都想出人頭地的社會，掌握「做人靠智慧，做事靠謀略」法則，無疑是脫穎而出的先決條件。

用現代的眼光來看，伽利略的確是一名出色的科學家與天文學家，不但值得得到社會的敬重，本身所擁有的知識也是價值非凡的。

不過，在十七世紀的歐洲，人們還不明白科學的重要性，不知道伽利略的才能足以爲世界帶來什麼樣的貢獻，因此，伽利略除了在科學上不斷努力之外，還必須想辦法用他的才能換取繼續研究的資金與動力。

許多有天分的人常常會恃才傲物，對於爲人處世、進對應退，絲毫不懂得多加學習及運用，也因此常常過著孤寂窮困的生活。

這樣一來，其實最後吃虧的還是自己，因爲沒有穩定的生活與從事研究或藝術工作所需的資金，多數人的才能就在「求生存和求溫飽」當中消磨殆盡，以至於無法盼到才華發光發熱的那一天。

不管做什麼事，一定要講究策略和技巧。如果你不願花點心思想想，老是直來直往，非但無法順利達成目的，還會陷入各種無法預知的陷阱和困境之中，使自己的人生充滿危機。

01. 笑臉迎人，才能籠絡人心

如果在待人接物上能夠採用以春風待人、以秋霜律己的行事準則，就等於掌握了最自然的籠絡人心方式。

02.

為了達成目的，不妨拍拍馬屁

先表現得以對方利益為重，實際上自己才是真正得利者，這需要相當高明的技巧；處理得好，是聰明人，要是處理得不好，可就會變成愚人了。

03. 讓權謀達到最好的效果

不管對象是誰、個性如何，只要摸清心意，懂得察言觀色、投其所好，就算碰上剛正不阿之人，奉承也能發揮作用。

04. 迂迴側擊，把心機耍得不著痕跡

有時候，想進行的事涉及利害關係，不能光明正大地「直接來」，如何做到既不留痕跡，又能哄得對方開心，決定了事情的成敗。

05. 識人不明，小心賠了夫人又折兵

貪婪是人性，好利也是人性，如果不能辨明這些人性，無疑是讓自己時時處於危機之中，萬一遭受背後冷箭攻擊，小心賠了夫人又折兵。

06. 做事窩心，自然得人歡心

「馬屁」的拍與被拍，是人性上的一種需要，做任何事都比別人周全，進而讓人感到「窩心」的人，行事周全往往就是成功的關鍵。

07.

適時變化，才能飛黃騰達

適時變化自己的立場，才能飛黃騰達。童貫、蔡京之流專拍皇帝馬屁，果然因此撈到了極大的好處，一門盡為顯貴，終身恩寵不衰。

08. 讚美就是最有效的溝通

讚美是最有效的溝通方法，可以瞬間縮短彼此的心理距離。不論在什麼場合，想要獲得別人的信賴、擁戴，就必須多稱讚對方。

09.

虛張聲勢，讓對手不敢造次

與人周旋、交談時，注意說話技巧與態度，展現出自信，可以有效提高自身壓迫威嚴感與說服力。

10. 要拍馬屁，也要推銷自己

多幾句奉承的話，多一些感謝與尊敬的言行舉止，只要一直保持謙遜的態度，必能擄獲上司的心，讓他對你另眼相看。

11.

讓對方感到自己很重要

人的「自我價值感」，是經由別人的肯定、讚美、鼓勵而來，只要「讓他感到自己很重要」，他也會「正面的回饋」。

12. 說老實話要看對象

說好話會有好下場，說實話卻未必有實際的報酬。如果上位者沒有容人的雅量，你最好要懂得察言觀色。

1.
PART

笑臉迎人，才能籠絡人心

如果在待人接物上能夠採用以春風待人、
以秋霜律己的行事準則，
就等於掌握了最自然的籠絡人心方式。

配合上司的步調，才是安身之道

懂得察言觀色，配合著上司的行動步調，使得上司不得不倚賴自己，是在波濤洶湧、瞬息萬變的職場上，最妥當的安身之道。

想要獲得上司信賴，首要條件就是要展現出誠摯的心意及認眞的態度，千萬不要言不由衷，也不要心中暗藏蔑視。

因爲，言詞會反映一個人的心理狀態，虛情假意或是輕率的說話態度，很容易被對方識破而產生不快的感覺。

俗諺說：「無知和自負是兄弟之交，心盲則比眼盲更可怕。」

越無知的人越會顯得傲慢。一個眞正的強者，絕不會認爲自己有什麼了不起，反而不論何時何地都虛懷若谷、謙遜自持。

如果你認爲自己抑鬱不得志，不妨好好想想，你是否曾以個人的主觀或偏見，來評斷上司的舉止，或以個人的私心來面對工作？你是否對自身的缺點與散漫態度佯裝不知，卻以冷酷、嚴苛的觀點來要求上司與同事？

上司並不是透過部屬選舉產生的，而是高階主管或人事部直接指派任命，在大多數情況下，他們都在職場打滾多年，通常都已經具有相當實力、業績與資歷，所以也多少都有些自負與自信。

身爲下屬想要往上爬，就應認清自己的身分和處境，別太在意上司的態度，反而該多多觀察上司的長處與優點，同時善盡自己的職守。

除非有特殊的情況，否則反抗上司、多言頂嘴，都是不可取的行爲，也是螳臂擋車、不自量力的做法。

正確的做法是，多去注意對方的好處與長才，多去想想將來與眼下的利益，即使只是表面上裝作心悅誠服，長久下來，也必能慢慢累積自己的實力。

人同時生活在物質世界和精神世界之中，唯有物質生活過得充裕，精神生活才能安定。趕快把「不爲五斗米折腰」的想法拋諸腦後，埋首努力工作吧！上司有什麼指示，就忠實地去執行。

被直屬上司嫌惡、討厭，對自己有什麼利益嗎？其他部門的上司會因此而歡迎你嗎？其他公司會因此主動來挖角嗎？

與其逃避現實，癡人說夢話，不如實際一點，多努力工作，多迎合上司的心意，對自己的幫助還更大。

懂得察言觀色，能看穿上司的個性與想法，配合著上司的行動步調，使得上司不得不倚賴自己，這種類型的部下絕不會吃虧，也是在波濤洶湧、瞬息萬變的職場上，最妥當的安身之道。

笑臉迎人，才能籠絡人心

如果在待人接物上能夠採用以春風待人、以秋霜律己的行事準則，就等於掌握了最自然的籠絡人心方式。

有許多人滿懷雄心壯志，常常自詡「學歷高人一等」，但在社會上討生活卻一路跌跌撞撞，爲什麼？

道理其實很簡單，有太多高學歷的人因爲過於自負、自尊心太強，排斥去做奉承阿諛的行爲，因而不受歡迎，得不到飛黃騰達的機會。

學歷只不過是求學過程的競爭成績，成就不可能直接延伸至社會。進入社會，就等於進入另一個截然不同的領域，想要順利發展，除了妥善運用學校所教導的知識外，更重要的是得學習社會的生存法則，也就是爲人處世的技巧。

處世的道理是門極爲深奧的學問，遠勝於教科書上所教導的死知識，千萬不能拒絕學習。唯有熟諳處世技巧，才能一帆風順、扶搖直上，否則，也只能待在原地踏步或者茫茫然隨波逐流。

雖說處世的道理複雜難學，不過，其中幾個大方向和大原則是不變的。如果能夠採用以春風待人、以秋霜律己的行事準則，就是極其高明的處世技巧，也就能極其自然地籠絡人心。

但是，很遺憾，目前的社會情況似乎正好相反。許多人就是愛批評別人，待人冷酷，對待自己卻無比寬鬆。

身爲部屬或是有心向上的人，應該摒棄這種壞習慣。

「做人圓滑，做事圓融」並不難，但是要完全做到也不太容易，必須要有相當成熟健全的心態才可。這種主張，流露出來的是開朗與善意，面對周遭每一個人，

都可以拿出溫柔的笑臉。

我們可以見到，有些高階主管在訓斥部下之後，會先稍微調整情緒，才出去會客，這種態度值得各行各業每一個人學習。

尤其遇上必須和素昧平生的人相見的場合，態度更是要緊，第一印象很重要，要是搞砸了，以後想要再改變對方的觀感，可就相當不容易了。若是給對方的第一印象很好，那彼此的關係就會有所增進。

在公司內部待人處事也是一樣。上班時，若是帶著精神十足又笑容可掬的臉色和上司相處，想必也會得到很不錯的回應，天天持續下去，那麼你們的關係一定能保持得很融洽。

按下自己的情緒，笑臉迎人，才能使對方樂於親近你，這是打動對方心弦的第一招，也是籠絡人心必備的首要動作。

想升遷，就要放下身段

個性越是成熟，越能經營出和諧的人際關係，這種人除了能和部下、晚輩建立良好溝通管道，和前輩、上司的關係也能在穩定中良性發展。

絕大多數在職場抑鬱不得志的人一定都有過這種想法：「我的上司眞討厭，眞令人受不了」，或是自覺受了不少委屈，想和上司對立。

如果你認爲自己懷才不遇，當這種想法在心中產生時，不妨停下來，爲自己往後的升遷與生活想想，深思熟慮之後，必定會發現忍耐才是最好的道路，進而放棄直接反抗上司、頂撞上司的念頭。

上司的命令縱然過分無理，也要絕對避免發生衝突。千萬不可以下犯上，任何時候都要表露出心悅誠服的神色，並用心觀察上司的特長，對他的長處大表敬意，如此一來，與上司間的關係一定會產生微妙且良好的變化。

凡事千萬不可妄下論斷，以自己的偏見認定上司的好壞，或是被其他同事的看法左右。也許你的上司待人並不和善，是一個天生緊繃著臉、不苟言笑的人，但聰明的人不會就此決定敬而遠之，而是換個方式，從上司的興趣與嗜好試著了解他，進而接近他，讓彼此成為工作上的好夥伴。

一流的人會先耐著性子遵從那些的無理要求，等滿足對方的需求後，再牽著他們的鼻子走。不管再怎麼和上司合不來、話不投機，也要儘量和顏悅色，這是在職場上脫穎而出的基礎。

畢竟，負責人事考核第一關的主管，就是你的直屬上司，若是在這一關就被扣了分，便別妄想再往上走。所以，討好自己的直屬上司絕對必要。

只要你願意放下自以為是的身段，慢慢地，對方的態度一定會改變，彼此之間難以跨越的距離也會逐漸拉近。

就像在餐廳用餐時，服務人員的禮儀若是周到，任何餐點都會變成可口的美食；同樣的道理，如果你的態度愼重又謙恭有禮，大多數的上司都會認爲你是可造之才，會開心地提拔你。

精神上成熟的人不會墨守成規、不會食古不化，同時也不特立獨行，思想敏銳客觀，懂得尊重他人，擁有相當圓滑的處世態度。

個性越是成熟，越能經營出和諧的人際關係，這種人除了能和部下、晚輩建立良好溝通管道，和前輩、上司的關係也能在穩定中良性發展。

對他們而言，最重要的就是平日與人相處的態度，即便不是上班時間，也不會忘記將奉承掛在嘴邊，用體貼採取行動。

人際關係的功用比起學歷、能力、知識與容貌都來得強，它能發揮驚人的威力，使自己的目的迅速達成。

我們不難見到，有些正直、賣力、對自己期許很高的人，自認爲樣樣贏人，十

分自負。他們對公司裡那些善拍馬屁的同事感到十分不屑，甚至沒有考慮到自己的資歷尚淺，便毫不知輕重地加以指責、對抗。

這樣的行爲最後當然招致衆人聯合攻擊，結果不用說，自然是吃了大虧，在「人際關係」這一門學問裡狠狠栽了一個大跟頭。

做人當然要正直，但是不要過於偏執。退一步而言，只要不心存歹念，不正直又何妨？把自己改造一下，暫時埋藏所有的主張意見，專心地跟在上司身後，儘量執行他的指令即可。

不要鄙視這樣的卑屈，而應把它視作是對上司的一種禮貌，以及實踐抱負之前的隱忍。只要能做到這點，就離升遷之路不遠了。

拍馬屁也要按部就班

拍馬屁也需要按部就班，別妄想一蹴即成。首先，讓自己習慣於奉承與跟從，把一切罪惡感、令人窒息的自尊心拋諸腦後。

孔子曾經對學生說：「君子和而不同，小人同而不和。」

這句話的意思是說，君子和平與人相處，但不隨意苟同他人，至於小人，則只會隨聲附和，卻心懷不平。

這句話陳述了一個理想的人格，可惜的是，世上的小人無所不在，其中可能也包含了你的上司與同事，所以人不得不學習「同而不和」的態度，讓自己在社會、職場上如魚得水。

服從上司的想法是身爲部屬的本分，只有按照指令行事才是拍馬屁的重點。應聲附和是通往高位的捷徑，也是不得不然的權宜手段，那些自命不凡、眼高手低的人，往往無法有太高的成就。

不管是不是志同道合，會不會顯得卑微，還是先以能和上司和諧相處，彼此更加親近爲目標，一步步邁進吧！

不過，很多人都忽略了拍人馬屁的技巧，太急切地想和上司親近，反而更沒辦法順利如願，甚至可能讓自己的意圖被上司拆穿，從此不被信任，所以，拍馬屁也要按部就班，別妄想一蹴即成。

首先，你必須讓自己習慣於奉承與跟從，把一切覺得難堪的羞辱感、浮誇不實的自尊心拋諸腦後。

當然，勤奮努力是必須的，但是另一方面，也要隨時用心留意自己的直屬上司，以及其他部門的上司的喜好，並貫徹己力地奉承巴結。

總有許多令人覺得諷刺的畫面，不斷在社會各個角落上演：看不起拍馬屁的人，

最後不是被打入冷宮，就是終其一生過著自怨自艾的日子。

要避免這樣的人生，得對上司極盡巴結之能事，縱然得到的回應不如預期，甚至更加冷淡，也要甘之如飴；對於同事的中傷、批評也要強自忍耐。

既然期望平步青雲，就要做好心理準備，以堅毅不撓的精神面對，天下沒有白吃的午餐，想得到任何事情，都得付出代價。

走在人生的征途上，不論身處何處，只要掌握住「拍人馬屁」的厚黑原則，就無往而不順遂。

其實，拍馬屁並沒有那麼見不得人，只要多幾句奉承話，多一些傳遞感謝與尊敬的舉止，就可以得到上司的寵信，那麼何樂而不爲呢？

當個令上司喜愛的部屬

自以為是、求功心切、好出鋒頭的表現，表面上看來確實備受矚目，但稍有不慎，便可能一敗塗地。

在一般公司的行事流程中，多半採取由上而下的運作方式，就是由上司領導下屬做事，因而，做下屬的人如果表現得太突出，爭著出鋒頭，往往容易成爲同事排斥、怨恨的目標，也會給上司芒刺在背的不安感。

這麼一來，要想有一番作爲，或要爬上高位，可就非常因難了。與其如此，何不謙遜自居，唯上司是瞻呢？

譬如，一有好的構想，就透露給上司知道，讓它成爲上司的意見，遵行由上往下的形式。如此，不但不會遭到同儕排斥，也讓上司感到高興。

如果上司對你的意見不加理睬，也別抱怨，只要再接再厲即可。做下屬的隨時都要有提案被拒絕的心理準備，不要爲此感到鬱悶，或一味力爭到底，這樣做除了令上司不悅之外，可說全無效果。

相反的，對於上司的構想，只要不是太離譜、太糟糕的意見，都要表現出贊成與積極支持的態度，讓自己像隻靈巧的「應聲蟲」。

即使有再好的新創意新構想，提出時也別忘了歸功於上司的教導啓發，切忌流露出目空一切的自傲。

不要忘記上下有序的規矩，有構想或意見要提供上司時，不要居功自大，最好附帶一句「請您修改補充」，如此自然能深得上司的歡心。

自以爲是、求功心切、好出鋒頭的表現，表面上看來確實備受眾人矚目，但稍有不愼，就可能一敗塗地。何不謙遜自居，打好人際關係？這種方式雖然不易出鋒頭，卻是十分紮實的辦法，能幫你穩健前進，一步步地邁向成功。

摸清主子心意，自然事事順利

不論是公事還是私事，只要摸清了主子心意，馬屁拍得準，就能一舉成功，從此一帆風順。

說起中國人拍馬屁的歷史，眞可說是年代悠久、源遠流長，早在先秦時期，史書文字就已經清楚勾勒出這樣的形象。

春秋戰國時代，著名縱橫家蘇秦、張儀更是兩位名揚國際的馬屁專家。這兩人不只思想敏捷、言詞鋒利，搖唇鼓舌的功力更是出了名，否則他們又憑什麼在詭譎多變的政壇縱橫折衝，在安身保命之餘進而追求事業名利呢？

馬屁歷史中，堪稱經典的馬屁故事便是「指鹿爲馬」。

秦二世時，趙高想篡位稱帝，但是又怕別的臣子不附和，爲求謹愼起見，於是想出了一個方法來測試群臣。有一天早朝時，他把一隻鹿獻給秦二世，並指著鹿說：「皇上，這是微臣送給您的駿馬。」

秦二世一聽便笑出聲來，說道：「你眞會開玩笑，竟然把鹿說成馬了。」

趙高聽了皇帝的話，並不直接回答，只是大聲詢問當朝所有大臣，眼前這東西究竟是馬還是鹿。

大家都明白趙高的意思，有人不說話，有人堅持說是鹿，也有人連忙堆笑附和說那是匹馬。事後，趙高便找機會把那些堅持是鹿的臣子都殺了。

這則故事出自《史記．秦始皇本紀》，儘管年代久遠，卻讓我們清楚看見了馬屁學在政治上的應用與影響。

到了漢朝，由於皇帝的權力比過去更大，因而拍馬屁與自己切身利益結合的程度，可說比以前任何時代都要緊密，因爲會不會拍馬屁，馬屁拍得好壞與否，直接關係到個人的前途與生死。

例如，漢成帝時由太后家族執政，大將軍王鳳權傾天下。淳于長雖然是皇帝的表兄弟，但是因爲他母親與太后並非同母所生，所以不被看重。

後來王鳳得了重病，淳于長抓準時機，主動上前侍候，每天送湯送水、端屎端尿，做得十分殷勤周到，深得王鳳喜愛。王鳳臨終前，便特意向太后和成帝推薦淳于長，使他晉身權臣之列。

當時皇帝寵幸趙飛燕，一心想立她爲后，但太后百般阻撓，皇帝爲此十分苦惱。於是，淳于長就發揮自己的專長，往來於成帝與太后之間，扮演協調者的角色。

一年後，趙飛燕終於被立爲后，淳于長自然得以加封晉爵。

曾經有馬屁專家說：「不論是公事還是私事，只要摸清了主子心意，馬屁拍得準，就能一舉成功，從此一帆風順。」

這番話絕對有它的道理。

自古君主大多貪財、愛權、好色，只要抓準這些「弱點」下手，成功例子比比皆是。而且隨著時間推移，拍馬的手段也未原地踏步，拍馬屁的藝術不斷進化，一代比一代展現出更精緻高明的技巧。

例如，「更改年號」的拍馬術就比「抱得美人歸」又高出一籌。

漢平帝死後，王莽先是挾皇帝之名專權擅政，不久便自己稱帝，建立新朝，但是太后卻死守著漢朝的國號不肯改變。

王莽想來想去，就是想不出說服太后改號的好主意，也不知如何開口，正在爲難之際，大臣王諫上書道：「漢朝氣數國已盡，新朝得立，實乃天命。」

王莽看後非常高興，緊接著御史張永立刻奉上符命銅壁，上面刻著：「太皇太后當爲新室太皇太后。」

此舉建立朝臣擁戴、天命如此的假象，所以王莽的陰謀自然得逞。當然，事成之後，兩個馬屁精也隨之「加官晉爵」。

要把馬屁拍得恰到好處

不要把拍馬屁當成一種羞恥，事實上，恰到好處的馬屁，不只可以幫助自己拓展前途，更是眼光過人與智慧獨到的最好證明。

戲法人人會變，巧妙各有不同。安祿山造反之前是個馬屁精，他的拍馬術可謂別出心裁，但萬變總不離其宗——討主子的歡心。

唐玄宗開元二十八年，安祿山被封爲范陽節度使，初次入朝覲見時，太子李亨也在場，但安祿山卻不對太子行跪拜禮。唐玄宗見狀隨即加以責問，他卻狡辯說：「臣子是胡人，不懂法度，不知太子是何官職？」

玄宗說：「是未來的皇帝。」

想不到安祿山卻搖頭：「臣是愚昧之人，只知道天子，不知道太子。」

唐玄宗一聽大喜，認爲安祿山是個忠君至誠的老實人。

入朝後，安祿山得知唐玄宗寵愛楊貴妃，便竭力巴結，除了恬不知恥地拜比自己還小上十多歲的楊貴妃爲義母，每次入宮還必定先拜見楊貴妃，再拜見唐玄宗。對此，他又有一番解釋：「臣子是番人，番人的習慣是先拜母親，再拜父親。」

唐玄宗聽了之後，覺得相當有趣，對安祿山更加喜歡。

如果說安祿山「先母後父」的拍馬屁技巧發揮一舉兩得的效果，那麼以「口蜜腹劍」聞名的李林甫，拍馬術就更值得一提了。

李林甫是一位深得唐玄宗信任的大臣，但其實本身並不具備什麼出眾的才能，只因爲非常善於拍馬逢迎，所以爲官以後一路順遂，很快便掌握大權。

有一回，新任宰相李適之向唐玄宗上奏說：「臣在華山下面發現金礦，如果開採出來，必定可以強兵富國。」

玄宗聽了相當高興，便召李林甫前來商量。

但李林甫卻十分平靜地說：「臣早就知道了。」

唐玄宗深感納悶，便問：「那你爲什麼不早說呢？」

李林甫回答：「華山是皇室龍脈、王氣所在，所以臣子從不敢亂說。」

這回答令唐玄宗深深感動，認定他一心忠於國家，並從此對李適之產生偏見，甚至下令：「今後凡有事上奏，一定要先讓李林甫知曉，不得草率從事。」李適之因而吃了個大大的悶虧。

縱觀中國歷史，我們可以發現一個有趣的現象，愈是智識程度不高的皇帝在位，該朝拍馬屁的水準愈是讓人嘆爲觀止。明代君主昏庸，宦官亂國，一樁樁令人拍案叫絕的馬屁故事便在這兩百年間不斷上演。

例如，明英宗正統年間，有一王姓官吏專拍大太監王振的馬屁。

太監因爲割除生殖器，所以無法長出鬍鬚，爲此，這位在太監手下辦事的王姓官吏也不再留鬍子。

有一回，王振終於忍不住發問：「你爲什麼不留鬍子？」

這官吏馬上回答說：「老爺您沒有鬍子，兒子我怎麼敢有鬍子！」同時還做出一副卑躬屈膝的樣子。

這般奉承自然令王振大為欣喜，這名官吏也從此平步青雲。

到了清朝道光、咸豐年間，儘管陝西長安知縣托喀紳才智平平，卻能在官場上不斷升遷。

其中奧妙何在？

原來是因為他有過一段輝煌的拍馬歷史。

當時，陝西新任布政使林壽圖受命走馬上任，長安知縣托喀紳得知後，便命令工人於官邸內造出幾個與眾不同、十分顯眼的馬桶。

長安知縣的聰明之處就在於，他探知上司的夫人是南方人，沒有蹲茅廁的習慣，特意準備馬桶供夫人使用。如果能讓上司及他的夫人滿意，日後難道會沒有好處嗎？

果眞不出所料，不久，托喀紳便從長安知縣一躍而成知州。

不要把拍馬屁當成一種羞恥，事實上，恰到好處的馬屁，不只可以幫助自己拓展前途，更是眼光過人與智慧獨到的最好證明。

多和不同行業的人交往

和其他行業朋友往來的好處之一，是彼此可以交換情報，促進腦力的激盪，使生活層面擴大、視野變廣，彼此受益。

許多成功的企業領導人都相當重視工作之後的社交活動。因爲，暫時卸下忙碌的工作和別人交往，不僅可以增長自己的知識常識，開闊自己的眼界與思維，也可以增進和交往對象之間的了解。

有時候，工作場合之外的交際活動，更可以讓自己有意外收穫。

你是不是下班後或星期假日時，幾乎都和固定的同事或朋友在一起吃喝玩樂呢？

雖然這對於經營人際關係、取得公司內幕情報很有幫助，不過，最後多半會變成大家相濡以沫、批評上司、互吐苦水式的交流。

能不能善用空閒時間，是成功與否的關鍵，因此工作之餘，千萬不要隨便浪費光陰，把時間葬送在無謂的閒聊裡。

一直和固定的同事、朋友在一起，生活會毫無變化，自己也難有任何長進，與其如此，倒不如換個視野，和不同行業的朋友往來。

和其他行業朋友往來的好處之一，是彼此可以交換情報，促進腦力的激盪，使生活層面擴大、視野變廣。

但要記住，光是吸收而不給予，這樣的交流不會長久；必須要有來有往，讓彼此都受益，關係才能穩定繼續下去。

和別人交談、相處時，要儘量挖空心思提供話題，同時，也要保持好奇的態度，仔細傾聽對方的言論。好奇就是動力，走在人生的道路上，千萬不要失去好奇心，因爲它是使自己認眞面對生活的方式之一。

許多人際關係大師都說，自我意識過強，會失去不同行業的朋友。想廣結善緣，就不要當自我意識過強的人，能從其他人身上學習到長處，才是世界上最聰明的人。

和其他行業的朋友交往時，一定要秉持虛心求教的態度，可以讓別人稱讚自己，卻不能自己讚賞自己。如果能把這些原則應用在日常生活中，一定可以增進自己和別人之間的交流，同時得到有益處的收穫。

但是，若只顧著和其他業界的人來往，而疏遠自己公司的同事、上司，也是不恰當的做法，必須兩者兼顧。

因爲，忽略了自己的上司和同事，不但會讓好不容易收集到的情報、辛苦建立的人際關係，大打折扣，還可能會容易因同事造謠生事，而使自己在背地裡受人指責怒罵。

任何事情都不宜過分極端，恰如其分最好。在人際交往方面，一舉一動都要好好斟酌，務求謹慎。

2.
PART

為了達成目的，不妨拍拍馬屁

先表現得以對方利益為重，
實際上自己才是真正得利者，
這需要相當高明的技巧；
處理得好，是聰明人，
要是處理得不好，可就會變成愚人了。

懂得拍馬屁，才能化險為夷

人的一生不可能一帆風順，說不定下一刻就會陷入困境，所以我們得培養隨機應變的能力，以在危難中保全自身。

日常生活中，人人都免不了會遇上尷尬的局面，但一個有經驗的處世老手，就會有轉危爲安、化險爲夷的本事。

許多馬屁精都是不折不扣的「智者」，一下子便「拍」掉滿身說不清的污垢，也免除可能降臨的殺身之禍。

清朝時期的馬屁高手田秀栗以三招拍馬手段化險爲夷的故事至今廣爲流傳，可說是拍馬族中的佼佼者。

田秀栗花錢買下成都知縣的官位後，恰好丁文誠出任四川巡撫，得知當地有這樣的貪婪劣跡，準備予以處置。田秀栗聽到風聲，便挖空心思討好他。

首先，他打聽到巡撫大人是個講究官衙氣派的人，立刻耗資數萬，派人趕修衙府，使其煥然一新，丁文誠到任一見，果然滿心歡喜。這一招雖未能完全抹去自己的污點，但至少留下了一條「緩刑」的後路。

接著，田秀栗爲巡撫大人雇了兩位女僕，供他驅使，並私下與女僕講好條件，每年多付出百兩銀子，要她們隨時稟告巡撫的一舉一動。

有了這兩位內應，田秀栗自然是如魚得水，巡撫大人也樂得悠閒，暫時把查辦貪污的任務拋到腦後。

不久，田秀栗又得知巡撫大人在山東欠了別人三千兩銀子，一時還不出來，於是二話不說，自掏腰包還清了這筆帳。這下子，巡撫大人說什麼也不好再繼續查辦，田秀栗頭頂上的「烏紗帽」自然能安安穩穩地戴著。

對於大多數拍馬者來說，拍馬屁是爲了騎在馬背上，這類人即使之後平步青雲，也不一定代表擁有特別的能力或超人的智商。然而，對於那些能在關鍵時刻成功自保、死裡逃生的智者，我們就有必要另眼相看了。

人的一生不可能一帆風順，說不定下一刻就會陷入困境，所以我們得培養隨機應變的能力，以在危難中保全自身。

智者的拍馬術是一種自保手段，也許其中不乏低劣勾當，但展現的智慧不容置疑。這種人最大的特點是懂得見風轉舵、八面玲瓏、左右逢源，除了能在緊要關頭化險爲夷、絕處逢生外，在平時的生活中也有他人不可及的優勢。

或許，在你身邊就有這類的馬屁精。不妨回想一下，是否曾遇過這種人：對主管的行事爲人從來不發表評論，只要是主管的意見一律無條件贊同；有人和主管發生衝突時，必定會站在主管那邊；若是開口表揚某個人，也總會帶點誇張的色彩。

這類的馬屁精，正是你效法的榜樣。

不要害怕別人的眼光

有出息、有遠大抱負的人，不會為了避免被說是「拍馬屁」，而刻意疏遠上司，放棄可以施展才能的舞台，陷入「平庸」的泥淖。

我們常常發現，有些人對那些愛向老闆或上司「拍馬屁」的人十分不滿，這種人充斥在職場之中，數量相當多。

仔細想想，他們的不滿，是否只因爲「馬屁精」的存在？抑或是不滿自身某種缺陷，導致面臨失敗的結果？

有的人把自己的「失敗」歸咎於同事太愛向上司「拍馬屁」，但自己行事正直，因而不受上司喜愛。他們最大的錯誤就在於將過錯與責任全部推給所謂的「小人」

承擔，而沒做到自我反省。

其實，大家都知道，在社會中，每人的財富、權力、地位、職業、責任等，必然各不相同。有不少人並非不了解這種不平等，而是不能平衡自己心中的挫敗感和自卑感，這時他們最常用的自慰方法，就是為種種不平等狀況下一番定義，自己站在正直、被打壓的位置，為對方抹上「不道德」的色彩，這是最能輕易獲得心中滿足的「精神勝利法」。

有一個只有高中學歷的人，從飯店服務生一步步升到客房預訂部經理，他的升遷之路其實沒什麼竅門，只是確實做到看老闆眼色行事，並將每件工作都做到符合老闆的心意而已。

飯店老闆是這樣說的：「當然有不少人會批評他是『馬屁精』，但是我認為不必理會這些閒言閒語。在個人收益上明顯少於別人的人，或工作能力明顯低於別人的人，當然會在心理上不平衡，因而必須藉由其他方式扳回一城。他們會說收入高、能力強的人都是『馬屁精』，同時把自己的不求長進說成一種『高尚』表現，這是平衡心理失衡最好、最簡單的辦法。」

確實如此，這些心理不平衡的員工忘了一點，老闆怎麼可能會用自己的企業利益去交換「馬屁精」的奉承呢？誰也不會蠢到掏自己腰包裡的錢，去養一個只會拍馬屁的無能之輩。

有些企業老闆獎勵重賞的是肯爲自己做事的人，其中包括會把員工眞實情況向自己反映的人。這種人或許會被別人看成是「告密」，但這是對企業負責、對老闆負責的態度，可以稱爲敬業的表現。

人必須先升遷，開拓了眼前的道路，厚足了自己的能力，才能進而追求自我實現，而取得上司的認可和授權，便是邁向升遷之道的第一步。只是這種做法在那些充滿酸葡萄心理的人眼中，就不可避免的帶點拍馬屁之嫌了。

不過，有出息、有遠大抱負的人，不會爲了避免被說成馬屁精而刻意疏遠上司，放棄可以施展才能的舞台，甚而陷入「平庸」的泥淖裡。至於那些總指責別人在拍馬屁的平庸之輩，就只能陷在自怨自艾的泥淖裡了。

間接讚頌是最高明的拍馬術

最上乘的拍馬術是間接讚美，這比直接頌揚來得高明。安祿山就深明此點，因而總透過種種手段間接讚揚、討好皇帝。

唐玄宗開元二十九年，御史中丞張利貞視察河北。

此時的安祿山正在尋找更上一層樓的捷徑，只愁無門可進，眼見朝廷使者來到眼前，認爲是向朝廷表現自己的大好機會，不但吩咐部下百般討好，舉凡送往迎來無不殷勤周到，還命人悄悄在張利貞及左右隨員口袋裡塞滿金銀珠寶。

張利貞受了賄賂，自然在皇帝面前大大誇讚安祿山相當有才幹，應該受到重用。從此之後，安祿山便一路往上爬，先後擔任營州都督、平盧軍使、順化州刺史三要職，位尊身榮。

有了這一回的經驗，安祿山已徹底看透拍馬屁對自己的用處，一次，他再對某位受自己賄賂的使臣說：「卑職遠離朝廷，皇上對我等不能了解。大人常接近聖上，萬望多多美言。」

使者回朝，又是一番吹捧舉薦。唐玄宗聽多了，自然就特別留意這個人。

到了天寶元年，玄宗將平盧軍使升爲節度使，安祿山隨之升任平盧節度使，並兼柳城太守，充兩蕃、渤海、黑水四府經略使。

次年正月，唐玄宗第一次召見安祿山，他自然十分「珍惜」這個機會。首先想到的是如何討皇上、朝臣們歡心，於是立即令部下從當地搜刮稀奇珍貴之物，如貂裘、虎骨、鹿茸、麝香、人參、寶石、良駒、珍禽之類，精選一部分作爲進京「孝敬」皇上的禮品。

玄宗看了安祿山送的稀奇禮品，十分開懷，不由得對他產生幾分好感，兩人間初次交談也很投機。

安祿山又說：「去年秋天，營州害蟲吃遍莊稼苗，臣焚香祈求天神說：『臣若操心不正、事君不忠，願神靈使蟲食臣心；若無愧對神靈之事，願神靈使害蟲散去。』即刻，就有群鳥從北方飛來，吃盡害蟲。」

玄宗聽了龍心大悅，覺得自己與這位出生營州的節度使非常投緣，因此對他「寵待甚厚」，常常召見，彼此不拘禮節地交談。玄宗對邊疆少數民族的風土人情頗感興趣，安祿山也很熟悉這方面的知識，總能對答如流，有時還夾雜一兩句詼諧的語言，逗得玄宗無比開心。

天寶三年三月，原范陽節度使裴寬升爲戶部尚書，留下空缺。玄宗心裡早有盤算，卻故意詢問近臣李林甫、裴寬和禮部尚書席建候的意見。

席建候極力稱讚安祿山有才幹、處事公平、爲人正直，是一個最適宜的人選，李林甫、裴寬兩人也順水推舟稱讚一番。

安祿山剛開始並不知道李林甫的「恩典」，自恃戰功彪炳又得到皇帝賞識，對李林甫不僅不感激，還表現出幾分傲慢，讓李林甫非常不悅。

一天，李林甫託言有事召請御史大夫王洪來見他，王洪得知後急忙前往，見到李林甫時顯得誠惶誠恐、畢恭畢敬，李林甫則刻意讓安祿山目睹這一切。安祿山也是個聰明人，見狀果然十分驚恐，知道李林甫是不容輕慢的大人物。

從此以後，安祿山見到李林甫必點頭哈腰，十分敬畏。李林甫乘機拉攏安祿山，安祿山深受感動，尊稱他爲「十郎」。

之後，安祿山安排在京師的「聯絡員」劉駱谷每次回范陽，安祿山總要問：「十郎怎麼樣？」

如果聽到李林甫稱讚他，便喜形於色；如果李林甫傳話說「告訴安大人要好自爲之」，他就嚇得坐立不安。

最上乘的拍馬術是間接讚美，這比直接頌揚來得高明。

安祿山就深明此點，因而總透過種種手段間接讚揚、討好皇帝，並藉著攏絡的方式，讓玄宗身旁的近臣替自己美言。就因他如此熟知馬屁之道，所以越來越得玄宗信任、寵愛，因此才能在自己的領地裡招兵買馬、儲備兵糧，待時機一到，便起兵叛亂，徹底動搖唐朝多年的國本。

放馬後炮，也是拍馬之道

別盡挑不好聽的話說，有時要突顯上司的優點，有時要強化上司的意圖，使主管對自己所提的「意見」能欣然接受。

從歷史的例子，我們可以得知，很多握有權力的人以爲自己憎恨別人拍馬屁，但其實，他們憎恨的只不過是拍馬屁的方式。

正因爲「阿諛奉承」是拍馬屁必備的工具，古往今來熟諳此種人性的政治變色龍才會不費吹灰之力，用阿諛奉承來拍別人馬屁。

在官場中有一種人，會用放馬後炮的方式提出意見，使用這種方法只要愼選時機，還是可以讓主子覺得非常受用。

蘇世長是唐高祖稱帝以前的老朋友，後來追隨李淵的對手王世充，王世充失敗後，他又回頭投靠李淵，使得李淵不甚喜歡，甚至大聲譴責他。

不過，他對此有更妙的回答：「隋朝喪失權力後，天下人都來追逐，陛下既然已經得到了，又何必對那些共同追逐的人心懷怨恨，而責問他們的爭奪之罪呢？」

李淵聽了之後覺得很有道理，也就不再計較，並任命他爲諫議大夫。

所謂的諫議大夫就是一個專門負責向皇帝提建言的官，只是擔任這個職務的蘇世長都提了些什麼意見呢？

有一次，他隨李淵前去打獵，李淵玩得十分盡興，便開口問身邊的大臣們：「今日打獵高興嗎？」

蘇世長回答說：「陛下打獵的時間還不到一百天，算不上什麼快樂！」

其實，打獵對李淵來說，只不過是偶爾爲之的娛樂，根本不會花一百天的時間打獵，因而蘇世長的回答自然也不會惹他生氣，所以李淵只是笑了笑說：「你那狂妄的老毛病又犯了。」

另外，有一次，李淵在華麗的披香殿賜宴時，蘇世長趁著酒意問：「這座大殿是隋煬帝所建的嗎？」

李淵說：「你這話聽來像在直諫，其實是在耍心眼，你難道不知道這是我建的，卻假裝糊塗！」

蘇世長回答說：「我實在不知道此事，只看到它的華奢如同殷紂王的寢宮鹿台。這不是一個開國之君應做的，若是陛下所建就太不合適了。當年我曾到武功爲陛下效力，看到那個地方的房屋僅僅能遮擋風雨，當時陛下便很知足。如今繼承隋朝的舊宮殿，已經夠奢侈了，新建的披香殿竟又超過了隋朝的宮殿，這要如何才能矯正隋朝的過失？」

想想，蘇世長以一介降臣擔任諫議大夫這樣的官職，也夠讓他爲難了。對於事關國家大政方針的問題，他自然不敢妄加議論，但若是什麼意見都不提，只會使皇帝不高興。

那要怎麼樣才能做到所提意見既不觸怒皇帝，又能爲皇帝接受，使上位者得到「納諫」美名呢？

蘇世長採用的拍馬屁方法，就是放馬後炮。

以打獵來說，李淵並不是一個昏君，如此遊樂也不過是偶爾爲之，蘇世長卻拿這點大作文章、誇張其辭、事實上，如果他眞認爲打獵是不恰當的行爲，就應該在出發前勸阻皇帝，而不是等事後才放馬後炮。

至於披香殿的建立已是既成事實，他卻又裝傻地議論幾句，以致連李淵也看出他「諫似直而實多詐」，不過卻並未怪罪他。這種以反對派的面目出現而行討好之實的技巧，實在是諂媚之術中的上乘手段。

由此可見，不管在官場或職場，提意見的時候，應避重就輕，別盡挑不好聽的話說，有時要突顯上司的優點，有時要強化上司的意圖，使主管對自己所提的「意見」能欣然接受。

如此一來，既能達到討好的目的，又能爲上司博得「虛心納諫」的美名，這才是「拍人馬屁」的最高境界。

為了達成目的，不妨拍拍馬屁

先表現得以對方利益為重，實際上自己才是真正得利者，這需要相當高明的技巧；處理得好，是聰明人，要是處理得不好，可就會變成愚人了。

好惡的影響力是非常強大，我們對於自己喜愛的人、崇拜的人、尊敬的人所提出的要求，必定特別難以抗拒；反之，對於我們討厭的人、憎恨的人、鄙視的人、反對的人，態度則會特別嚴苛。

從這個論點我們就能充分了解到，爲什麼我們總是無法拒絕那些讓自己看起來比較順眼的推銷員，也會忍不住拿糖果輕哄連哭鬧都看起來很可愛的小孩。

討好，是爲了達到某種目的，讓步則是爲了側過身再繼續前進。所以，當我們有求於人的時候，我們就會想辦法討好與讓步，以期讓對方對我們產生好感，進而

答應我們的要求。這就是人性，誰也難以規避。

唐代著名的文學家韓愈三十五歲到京城，擔任國子監博士（中央最高教育機構的教師），後來又被提升爲刑部侍郎（中央司法部門的副長官）。

當時佛教相當盛行，上至皇帝唐憲宗，下到平民百姓，幾乎人人都崇尚佛教。唐憲宗相當迷信，有一次聽說有座寺院裡安放著一塊佛祖釋迦牟尼的遺骨，便準備興師動衆，將之迎進宮裡頂禮膜拜。

自詡才識過人的韓愈覺得此舉非常不妥，於是寫了一篇《諫迎佛骨表》的疏文加以反對。其中提到，自從佛教傳入中國後，帝王在位時間都不長，特別是想拜佛求保佑的帝王，結局必然是悲慘的。

唐憲宗看了這篇疏表，當然十分惱怒，以爲韓愈不只是故意與自己作對，而且援用歷史來影射自己活不長命，憤而即刻要將韓愈處死。幸虧宰相爲韓愈說情，他才逃過一劫，改爲貶職，外放到潮州擔任刺史。

唐朝中期，中央統治權力已日益削弱。憲宗執政後，改革了一些之前的弊政，重新強化了中央政權的統治。

遭貶至潮州的韓愈，爲了要重回長安政治中心，於是再次向憲宗上了《潮州刺史謝上表》，爲憲宗勇於革除時弊的措施極力歌功頌德，期望能重新得到憲宗的信任，早日返回到朝廷。

在這篇疏表中，韓愈極盡恭維之能事，稱憲宗是扭轉乾坤的中興之主，並且建議憲宗到泰山去「封禪」。

韓愈還在這篇疏表中隱約地表示，希望憲宗也讓他參加封禪的盛會，並說如果他不能參加這個千年難逢的盛會，將會終身引以爲憾。

唐憲宗看了充滿奉承阿諛的奏表，自然龍心大悅，後來終於把他調回京都，讓他擔任吏部侍郎（掌理全國官吏升降、調動等的機構的副長官）。

即使是自詡清流的韓愈，也免不了做出逢迎拍馬的行爲，只是格調看起來高了一點罷了，本質上還是一樣的。一直以來，唱反調的人，多半沒什麼好下場，自己說得嘴破、累得要命，別人卻聽不進去、氣得要死。

韓愈排佛，他認爲供佛造成迷信，而他對於這股由帝王本身帶動的歪風逐漸盛行感到憂慮，屢次上書進諫，終於惹怒了唐憲宗而遭到罷黜。然而，後來他又建議憲宗安排封禪儀式，似乎前後立場有點對立。

身爲人臣，固然是希望受到君長的重用，能發揮所長，爲國家效力。韓愈諫迎佛骨，是希望君王能以身作則杜絕歪風，但不爲憲宗所接受，所以後來改爲投其所好，讓君王龍心大悅，對他印象好轉，實在此一時，彼一時也。不過，人性本來就如此，倒也無可厚非！

有一句話這麼說：「以退讓開始，以勝利告終。」先表現得以對方利益爲重，實際上自己才是眞正得利者，這需要相當高明的技巧；處理得好，是聰明人，要是處理得不好可就會變成愚人了。

想使用這個方法的人，可得小心謹愼，以不顯露自己的意圖，方爲上策。

不知轉彎，下場必然難堪

無論怎樣改朝換代，始終穩坐高位的「不倒翁」比比皆是，為什麼才華卓越的人老出問題呢？就是他們不明瞭拍馬屁這門學問的重要！

翻開中國歷史，文人遭到誣陷的故事不絕於耳，他們並非無才，卻因爲對馬屁的錯誤認知誤了大事。我們能說這些文人愚笨嗎？當然不能，然而這些不幸遭遇卻可以爲我們帶來很多省思。

首先，要有正確的心理建設：拍馬屁只是求生存、謀發展的權宜之計，在很多情況下，只要轉個彎，一切就可以更好。

公元前九十九年，漢武帝派將軍李廣利率騎兵三萬，出擊匈奴右賢王，又令李陵率五千步兵抗拒單于的八萬騎兵。兩軍交戰後，李廣利失利大敗，但因他是武帝寵妃李夫人的哥哥而沒有被問罪。

至於另一方面，李陵在雙方力量懸殊的情況下奮力拚搏，兵死過半，且戰且退，終因寡不敵衆而被招降。消息傳回後，朝中文武百官對李陵投降的行爲都義憤填膺，漢武帝也十分憤慨，便詢問太史令司馬遷對此事的看法。

司馬遷和李陵其實素無交情，只是憑著一位知識分子的正直回答了皇上的詢問，指出：「李陵所率步兵不滿五千，卻能重創匈奴，實在難得。我以爲李陵不死，可能是想將來立功贖罪。」

由於司馬遷沒順著主子的意思，因而大大激怒了漢武帝，結果他面臨兩種選擇：一是交納五十萬罰金以免死罪；二是接受宮刑。對一位文人來說，既然不可能有如此龐大的金錢，就只有接受宮刑這奇恥大辱。

像司馬遷這樣的奇才，落得如此悲慘下場，未免太讓人扼腕。假如他表達意見時能夠委婉一點，應當不會有這種下場。

另外，如「烏台詩案」也是類似的歷史事件。蘇軾在赴京應考時，以卓越的才華震驚朝野，歐陽修讀了他的文章後，拍案叫絕；宋仁宗每讀他的詩文，也讚賞說：「奇才！奇才！」

然而，就是因爲這個「奇才」說話不慎、出筆不謹，才有了「烏台詩案」的發生，使他從高高在上的文人雅士變成一介平民，地位一落千丈。

當了一段時間的東坡居士之後，司馬光掌權時，蘇軾才被調回京城。可是直言敢諫的性格不減當年，這種「不知轉彎」的個性也使他再度受貶。

屢屢被貶的蘇軾，本來可以利用自己的優勢與名門達官結交友好，但卻不屑爲之而每每失利。

在中國歷史上，無論怎樣改朝換代，始終穩坐高位的「不倒翁」比比皆是，爲什麼才華卓越如蘇軾等文人卻老出問題呢？

仔細想想，就是他們不明瞭拍馬屁這門學問的重要！

功勞歸主管，有事屬下擔

得罪人的事由自己攬下，出頭露臉的事都歸上司，這樣一來，自然能在詭譎多變的官場上立足，備受上司寵信。

做下屬的人最忌諱功高震主，有了一點成就便自以爲了不起，從歷史的經驗來看，這種人十個有九個會因爲被上位者猜忌而得不到好下場。

例如，漢朝初年，劉邦曾經問過韓信：「你看我能帶多少兵？」

韓信回答：「陛下帶兵最多不能超過十萬。」

劉邦又問：「那你呢？」

韓信笑道：「我自是多多益善。」

對這樣驕縱的回答，劉邦怎能不耿耿於懷？韓信最後的命運可想而知。

到底該如何才能享受到建功立業帶來的好處，受到上司長期寵愛的同時，又避免功高震主可能產生的危機呢？

其實，方法很簡單，只要把握「有功歸上」的原則即可。下屬儘量賣力賣命，然後將一切功勞、成績、好名聲都歸諸長官，將過錯留給自己。試問像這樣的屬下，哪個長官會不喜歡、不寵信？

漢武帝非常賞識田叔，便派他到魯國出任相國。魯王是景帝的兒子，自恃皇子身份，時常驕縱不法，掠取百姓財物不可勝數。

田叔一到任，前去告魯王的百姓多達百餘人。

沒想到，田叔竟不分青紅皂白，就將帶頭告狀的二十多人各打五十大板，其餘的各打二十大板，並怒斥告狀的百姓說：「魯王難道不是你們的主子嗎？你們怎麼敢告自己的主子呢？」

魯王聽了覺得很慚愧，便將王府的錢財拿出一些交給田叔，讓他償還給百姓，

但田叔卻不接受，只說：「大王奪取的東西讓老臣去還，這豈不是使大王被百姓責難嗎？還是由大王親自去還吧！」

魯王聽了很高興，連誇田叔聰明能幹，辦事周到。

唐朝權臣李泌也是個頗具手腕的政治人物，歷任玄宗、肅宗、代宗、德宗四代，在唐代中後期的政壇上，有很大的影響力。

德宗時，李泌擔任宰相。西北少數民族回紇族出於對他的信任，要求與唐朝講和並通婚結盟，但這可給李泌出了個難題。雖然從安定國家大局的層面考量，李泌相當希望與回紇恢復友好關係，可是德宗因爲早年受過羞辱，對回紇一直懷恨在心，因此堅持拒絕提議。

李泌知道，好記仇的德宗皇帝是不會輕易被說服的，自己若是操之過急、言之過激，不只辦不成事，還會招致皇帝反感，惹來禍殃。

於是，他便採取逐步勸導的辦法，在前後一年多的時間裡，經過多達十五次陳述利害的談話，才總算說動德宗。

得到德宗的允許後，李泌便出使回紇要他們接受唐朝的五個要求，並對唐朝皇帝稱兒稱臣。

這樣一來，唐德宗既擺脫困境，又挽回面子，當然十分高興。

唐朝與回紇的關係之所以能改善，完全是由李泌一手促成的，但是，當唐德宗不解地問李泌：「回紇人爲什麼這麼聽你的話呢？」

李泌只是恭敬地說：「這全都仰仗陛下的威信，我哪有這麼大的力量？」

聽了這樣的話，德宗怎會不高興？能不對李泌更加寵信嗎？

田叔等人在處理這種棘手的上下關係時，顯出了中國官場上的智慧——得罪人的事由自己攬下，出頭露臉的事都歸上司，這樣一來，自然能在詭譎多變的官場上立足，備受上司寵信。

避重就輕，把馬屁拍得更精明

挑選主子能夠解決、願意解決，甚至正在著手解決的問題提出，這種避重就輕、避難從易、避大取小的方法，既迎合上意又不得罪人。

在人類歷史中，拍馬屁的行爲可說源遠流長，只要有人的地方就有馬屁文化。其實，從積極的角度來說，拍馬屁只是求生存、謀發展的一種手段，爲了更有效達到目的的一種謀略，爲了經營好人際關係的一種技巧。

至於拍馬屁的最高境界，則是激發對方的優越感，既把馬屁拍得不著痕跡，又牽著對方的鼻子走。

古代帝王即位之初，如果遇到較爲嚴重的政治事件，常常下詔求言，讓臣子對

朝政或他本人提供意見，表現出一副革舊圖新、虛心納諫的樣子，其實說穿了，這只是故作姿態的表面文章罷了。

但有些死腦筋的大臣卻自認忠直，不知輕重地提出一大堆批評意見，因此埋下禍根，最終招來帝王的打擊與報復。

相較之下，懂得權謀的人就十分精明，他們也提意見，但與其說是提意見，倒不如說是奉承，比如他們會對一個敬業的主管說「要愛惜自己的身體」，對一個荒淫的主管說「生活別太嚴謹了」，對一個廉正的主管則說「減少浪費」……等等。

由於他們提意見時懂得避重就輕，使得主管能在面子掛得住的情況下欣然接受建言，因而總能得到主子的歡心。

像漢元帝時的貢禹，便是這樣一個聰明人。

漢元帝劉奭上台後，將著名的學者貢禹請到朝廷，詢問他對國家大事的意見。這時，朝廷由外戚與宦官專權，正直的大臣根本難以立足，貢禹不願得罪那些權勢人物，因而只對皇帝提了一個意見——注重節儉，建議將宮中眾多宮女放掉一批，並請元帝少養一點馬。

其實，漢元帝本來就是個節儉的人，早在貢禹提意見之前，就實施了許多節約措施，其中包括裁減宮中多餘人員及減少育馬。

說穿了，貢禹只不過將皇帝已經做過的事情再重複一遍，所以漢元帝能欣然接受建言並因此博得「納諫」的美名，而貢禹也達到迎合皇帝的目的，又不用擔心自己招人忌恨。

貢禹精明之處就在於懂得挑選主子能夠解決、願意解決，甚至正在著手解決的問題提出，卻迴避重大的、難解的、棘手的問題。

從這種避重就輕、避難從易、避大取小，既迎合上意又不得罪人的做法中，不難發現貢禹的爲官技巧實在老練。

3.
PART

讓權謀達到最好的效果

不管對象是誰、個性如何，
只要摸清心意，
懂得察言觀色、投其所好，
就算碰上剛正不阿之人，
奉承也能發揮作用。

能哄得上司開心，說假話又何妨？

上司縱然是千眼千手的神仙，也不易應付周全。何況會拍馬的部下大多對連哄帶騙的手段相當拿手，往往連死的都能說成活的。

封建時代，下屬常常會悉心研究權力擁有者，如果對方精明，他們就會規矩、收斂些；如果對方昏庸、怠惰、幼弱，他們便會肆無忌憚地竊取、搶奪權力。多數部下對上司不會存有什麼忠愛之情，腦袋所想無非是要從湯鍋裡分到更多羹而已。

裴延齡的際遇便是一個好例子。他是唐德宗時的財政大臣，本身對財政根本一竅不通，可是為了顯示自己的才能，給德宗一個好印象，就任之初便上書道：「透過清查帳庫，發現仍有二十萬貫的錢沒有入帳，請將這筆錢放在另外一個財庫中貯

存起來，以供陛下隨時取用。」

不久之後，他又再次上書：「朝廷倉庫中收藏的財物多有疏失，最近我在糞土中取得銀錢十三萬兩，與絲綢及其他物品一百多萬筆，這些財物也都沒有入帳，應當算作結餘，也該轉移到別的倉庫收藏，以供陛下支用。」

唐德宗這個人十分貪財，一得知裴延齡意外發現了這麼多財物，奢侈貪求的慾望迅速膨脹，因而今日修庭園、明日造宮殿，頻頻伸手向裴延齡要錢。

其實，這些意外之財全都是子虛烏有，是裴延齡爲了炫耀自己能幹，並討好皇帝而編造出來的。然而，面對皇帝越來越多的索求，他又不敢暴露實情，只好一再對百姓巧取和勒索。

有一回，德宗要建造一所寺廟，需用一根長五十尺的松木，但遍尋不著。裴延齡得知後卻說：「我最近在京師附近發現一個山谷內長滿樹木，大約有數千株，且長度都在八十尺左右。」

德宗聽了十分驚異，問道：「聽說開元、天寶年間，京師附近就已經找不到五、六十尺長的樹木，如今怎會突然出現八十尺長的大樹呢？」

裴延齡說：「我聽說良材、珍寶、異物只在國君聖明時才會出現。這批樹木生長在京師附近，全是因爲陛下聖明，開元、天寶時候又怎麼會有呢？」

其實，京師附近連一棵大樹也沒有，全是他編出來欺騙皇帝的謊言，當時有人就指責裴延齡愚弄朝廷。唐德宗雖然多少知道他的話語虛妄不實，可是聽了討好的謊言還是覺得十分受用。

事實上，若不是裴延齡短命死得早，說不定還有當上宰相的可能呢！

上司在面對那麼多屬下精明的心、窺伺的眼、攫取的手，縱然是個千眼千手的神仙，也不容易事事洞察，應付周全。

何況，會拍馬的部下大多對連哄帶騙的手段相當拿手，往往連死的都能說活的，他們知道只要哄得上司開心，說說假話又有什麼關係。

適時的關心價值千金

不論是誰，對於來自別人的關懷總是覺得十分受用，因而，適當時機一句關心的話，會比價值千萬的禮物更加有用。

大多數人的「拍馬屁」，充其量只是一些恭維和獻媚的小技巧，但這眞的是拍馬屁之術嗎？

事實上，這些都還粗淺得很，難登大雅之堂。

拍馬屁是極講究手法和技巧的，拍得太露骨不行，拍的場合不對也不行。若是拍輕了，對象沒感覺；拍重了，又容易弄巧成拙。

唯有做到無聲無息、不露痕跡，卻讓人暈陶陶又得意忘形，那才是拍馬屁的至高境界，清朝大太監安德海就深諳此道。

黃承恩是宮中極具威望的太監，要想在宮中站穩腳跟，非得討黃公公喜歡不可，安德海別的不會，就是有這套本事。此外，他還有幾個得天獨厚的條件：第一，他與黃公公是同鄉，都是青縣人；第二，安德海長了一副好模樣；第三，安德海爲人機靈，當他第一次面對黃公公時，便一個響頭磕在地上，認爲恩師。

安德海百般殷勤、小心伺候，不用指使，便主動爲師父鋪床疊被、端飯、打水、洗衣服，哄得黃老太監滿心高興，於是對他格外關愛，把宮中的禮節、稱呼、規矩、忌諱等，都詳細說了分明。

這些安德海都牢牢記在心裡，自然不易犯錯，又深得人心。

此外，安德海爲了討主子歡心，還下了許多功夫。

當時，道光皇帝共有九個兒子，前面三個都死了，第四個皇子便是奕詝。若論長幼，應立四皇子奕詝爲太子；可是六皇子奕訢無論口才、文才、武功都比奕詝強，因此道光一直拿不定主意。

道光三十年春，一個風和日麗的好天氣，道光帶領六個皇子去南苑打獵，意在考驗他們的文才武略和應變能力，以便確立皇位繼承人。皇帝要選太子是公開的秘密，因此六個皇子各做準備，都想討父皇歡心，以便將來當上皇帝，尤其是四皇子奕詝和六皇子奕訢，更是主要的競爭的對手。

四皇子奕詝的老師名叫杜受田，此人足智多謀，在四皇子身上下了很大的功夫，希望他能登上皇位，自己也跟著沾光。

可是，他也估量過，奕詝與其他皇子比較起來，除了排行第四，在長幼順序上有優勢外，其他方面的能力都屬平常，甚至略遜一籌，因而若稍有閃失，太子之位一定會被六皇子奪去。

安德海看出了門道，於是便上前問道：「杜大人，您老人家滿臉愁容，定有爲難之事，莫非是爲明日行圍打獵之事煩惱？」

杜受田心想他能看出自己心事，看來不簡單，便說道：「繼續說下去！」

安德海這才緩緩說道：「我曾聽人講過，三國時，曹操的大兒子曹丕和三兒子曹植也與現在的情況相似，不過奴才記不太清了。」

杜受田眼睛一亮，把手一擺，說道：「好了，不必往下說了，很好，很有道理。」隨即對奕許交代了一些事項。

次日，道光帶著六個皇子來到南苑，傳旨開始圍獵。諸皇子各顯身手，直追得那些飛禽走獸東奔西跑，其中就數六皇子奕訢最厲害，幾乎箭無虛發、滿載而歸，而四皇子奕許卻是兩手空空，一無所獲。

見此情形，道光皇帝不由大怒，大聲喝斥。奕許因有老師提前叮嚀，不慌不忙地上奏說：「兒臣以爲目前春回大地，正是萬物繁衍之期，故不忍殺生害命，恐違上天好生之德，是以空手而回，望父皇恕罪。」

道光帝聽罷，心想自己沒想到這點，他卻想到了，倘若讓他繼位，必能以仁慈治天下，不禁轉怒爲喜，當下誇獎四皇子的仁慈之心。

又過了幾年，道光皇帝憂勞成疾，自知不久於人世，急喚諸皇子到御榻前答辯。消息傳開，四皇子和他的老師杜受田都知道，這是最關鍵的一次較量了，能否登基都在此一舉，但兩人對坐半日卻苦無一策。

於是，安德海又獻上一計說：「萬歲爺病重，到御榻前，什麼也不用說，只說願父皇早日康復就行，剩下的就是流淚，卻不要哭出聲來。」

次日，六位皇子被叫到龍床前，道光果然提出一些安邦治國的題目，要諸皇子回答。在答辯之中，誰都比不上滿口頭頭是道的六皇子，道光甚爲滿意，但卻發現四皇子一言不發，只是呆站在一旁。

道光問四皇子原因，奕詝說：「父皇病重，龍體欠安，兒臣日夜祈禱，唯願父皇早日康復，此乃國家之幸、萬民之福。此時心中方寸既亂，無法思及其他。倘父皇如有不測，兒臣情願隨駕而行，以永侍身旁。」說完便淚如雨下。

道光聽了，心中甚是感動，心想此眞孝子仁君，於是決心立四子奕詝爲太子，這就是後來登基的咸豐皇帝。

安德海在關鍵時刻立了大功，身價水漲船高。

不論是誰，對於來自別人的關懷總是覺得十分受用，因而，適當時機一句關心的話，會比價值千萬的禮物更加有用。安德海就是明白這點，才爲他之後的榮華富貴，奠定下堅實的基礎。

讓權謀達到最好的效果

不管對象是誰、個性如何，只要摸清心意，懂得察言觀色、投其所好，就算碰上剛正不阿之人，奉承也能發揮作用。

不管陰謀還是陽謀，只要管用，只要能達成目的，就是最好的計謀。

晚清知名的「紅頂商人」胡雪巖不僅是個經商老手，也是一位深諳權謀的拍馬屁大師。他很早便深知中國封建社會中「官」的重要意義，也明白少了「官」什麼也辦不成，因此，胸懷大志的他，不惜以失業爲代價，冒險從錢莊挪用出五百兩銀子，資助當時窮困潦倒的王有齡升官。

王有齡進入官場後，運勢亨通、聲望日隆，胡雪巖便利用王有齡的權勢，開設「阜康錢莊」。

從此，他以金融業爲重心，周旋於官府、幫會和洋商之間，極力投靠、勾結、拉攏和收買，組成一個龐大又錯綜複雜的商業網絡。

胡雪巖利用關係網大肆進行各種合法與非法的經濟活動。他工於心計、善於謀劃，加上手段高明、處事圓滑，很快便以縝密的計劃，壟斷市場。

當時，除了經營蠶絲、茶葉的生意之外，他還幫清政府進口軍火。這些生意使銀子如流水般地湧進，短短十年間，家財暴增到億萬，富可敵國，阜康錢莊分號遍及江南十幾個省市，並額外擁有十多家藥店、當鋪。

發達後，胡雪巖捐官至二品，顯赫一時，人稱「紅頂商人」。

胡雪巖官商相通，以行賄手段把一堆貪官污吏伺候得舒舒服服。他了解官吏們的性格、愛好，並投其所好，對不同的人採用不同的辦法，使這班「老爺」儘管平時作威作福，好不囂張，一到胡雪巖面前卻個個服貼，「十分好用」。

太平軍攻破杭州後，王有齡死去，胡雪巖頓時失去了官府靠山。仔細權衡後，他選擇了一品大員左宗棠爲新靠山。

左宗棠當時是鎮壓太平天國的主帥，官銜是兵部尚書兼都察院右都御史、閩浙總督兼署浙江巡撫、欽命督辦浙江軍務，是位權勢顯赫的社稷重臣。

胡雪巖清楚知道，要以杭州爲中心進行商務活動，絕對需要左宗棠的幫助，但是左宗棠爲人正直、辦事公允、清正廉潔，向來不易籠絡。再加上當時早有人先一步密告胡雪巖貪贓枉法，「生活起居，儼如王侯」，左宗棠正準備找時機加以審問。

面對如此複雜的情況，胡雪巖依舊鎮靜自若，因爲他成竹在胸，早擬定好應變之道，不但有把握讓自己全身而退，還能進一步使左宗棠對他寵信有加。

他先是主動登門拜見，拿出大筆錢財，說明希望用以拯救黎民，接著又表示自己還願意「捐獻一萬擔米」。時值兵亂之後，哀鴻遍野，軍糧根本難以籌措，突然間有一萬擔米從天而降，拯救百姓於水火，左宗棠怎會不驚喜感激呢？

胡雪巖這一定軍心、救百姓的「義舉」，左宗棠盛讚爲「滿朝朱紫，沒有一個如老兄有見識」。

胡雪巖利用左宗棠剛正爲民的個性，以慷慨作風征服他的猜疑，不僅沒有受到懲罰，反而更上一層樓，被委任爲軍需採購大臣。

後來，左宗棠鎮壓農民起義大軍之時欠缺錢糧，胡雪巖幫他籌措軍需糧餉。左宗棠攻打新疆，與俄軍交戰時，又委派胡雪巖出面向洋人借錢。胡雪巖以巨額家資爲擔保，前後四次共借了一千一百多萬兩，購買大量洋槍、洋炮及軍需物資。

由於胡雪巖辦事幹練，軍需供應及時，使左宗棠在新疆打了勝仗。

左宗棠班師回朝後，便在奏摺中大大地褒揚胡雪巖說：「胡雪巖雖然沒有披掛殺敵，但他的功勞，比前線浴血奮戰的將士還大。」

於是，皇帝欽賜胡雪巖著黃馬褂。黃色爲皇家象徵，黃馬褂是欽差大臣的衣著，身爲商人的胡雪巖能得到這種賞賜，可謂極獲殊榮。

由胡雪巖的例子可知，不管對象是誰、個性如何，只要摸清心意，懂得察言觀色、投其所好，就算碰上剛正不阿之人，奉承之術也能發揮作用。

用馬屁開創未來的契機

只有適時拍馬屁，才能創造未來的契機；辛宣就是深諳此道，因而能先在複雜而又敏感的環境中安身立命，進而名利雙收。

拍別人馬屁並不意味著一個人不夠光明磊落、胸懷坦白，必須視動機而論。馬屁有消極與積極之分，消極的馬屁只不過是玩弄言詞的伎倆，積極的馬屁則是開創未來契機之時不可缺少的。

東漢末年，外戚掌政，梁冀是其中最著名的一位。

梁氏家族在東漢後期可謂威赫無比，梁冀分別有一姐、一妹是皇后，還有六個姐妹爲貴人。家中男子，七人封侯，兩人任大將軍，有三人娶公主爲妻，其他任卿、將等高官者多達五十七人。

梁冀一生歷仕順帝、孝帝、質帝、桓帝等四個皇帝，其中有三個是由他一手操縱扶植，還有一個被他毒死。身爲大將軍的他，執掌權柄達二十多年，儼然是東漢後期的「地下皇帝」。

梁冀相貌極醜，聳肩駝背、斜眼歪鼻、說話口吃，除聲色犬馬之外，一無所長，連字也認得有限，是個道地的紈褲惡漢。不過，他卻娶了一個極漂亮的老婆，名叫孫壽，體態婀娜，十分艷麗動人，而且善作各種媚態，看起來若愁若悲，別有一番楚楚動人之姿。

然而，孫壽天性善妒，對梁冀管束得非常嚴格，所以梁冀雖在外面作威作福、凶殘無比，見了孫壽卻連大氣也不敢吭。

有一次，梁冀在外面包養一名女子，被孫壽發現後，便將那女子抓回來剪髮毀容，活活打死，梁冀不僅無法相救，還得在一旁叩頭請罪。

那時，想巴結梁冀的人如過江之鯽，多不勝數，不過宰宣卻別出心裁。他發現梁冀權勢雖高，卻十分懼內，因而想從孫壽身上下手，以討好梁冀。

計策擬定後，他即刻上書朝廷，說大將軍有周公之功，現在他所有兒子都受封賞，他的妻子孫壽也應該受封。

當時的皇帝本來就是個傀儡，奏書都直接送到梁冀手中，所以，梁冀見了就以皇帝名義下了一道詔書，封孫壽爲襄城君，每年收入五千萬石，地位相當於長公主（皇帝之姊）及藩王。

這個馬屁拍得正是地方，宰宣事後自然撈到不少好處。

挑戰當權者，無異是件以卵擊石、吃力不討好的事。一個弄不好，丟了工作還不打緊，只怕連另謀出路的機會，都讓人給封死。

只有適時拍馬屁，才能創造未來的契機；宰宣就是深諳此道，因而能先在複雜而又敏感的環境中安身立命，進而名利雙收。

官位越高，拍馬技術越好

中國歷史是一部「拍馬史」，官位愈高的人，拍馬屁的技術愈好。越是森嚴的等級制度，越會產生拍馬屁的風氣。

在這個機關算盡的人性戰場上，人要懂得把心機發揮在可以勝出的地方，更要懂得說話的藝術。如果你不懂得把馬屁當成致勝的秘密武器，說好聽一點的是率直老實，說難聽一點的就是愚蠢無知。

現實社會中，到處都可以見到在職海載沉載浮的上班族。這是因爲，大多數人自以爲是，忽略了拍馬屁是人際應對必備的厚黑技巧，只有掌握拍馬之道，把奉承話說得更悅耳動聽，才會使人更快出人頭地。

一位當官已久的人用這樣的話鼓勵在下位者：「高帽子給誰？當然是給那些距離近的人，因為他離我近，順手就扣上了；至於那些離我遠的人，就算想扣都扣不上啊！」

這話確實說出拍馬屁文化的精髓。

在中國歷史上，靠這種手段飛黃騰達的名家不在少數。唐玄宗時期，有一個原被派往南方擔任地方官的陳少游，後來不但足不出京畿、未曾赴任，反而還連續加官進爵，境遇令人欽羨不已。

爲何他的官運這樣亨通呢？因爲，陳少游是個善於權謀、很會見風轉舵的人，尤其在聚斂財富、攀結權貴上頗有一套。

當時，權臣董秀在朝中的勢力無人能及，陳少游知道機不可失，便私底下先將他的爲人摸得一清二楚，甚至還特地寄宿在董府附近，等到董秀退朝後才單獨求見。

見到了董秀，陳少游一陣歌功頌德後便開門見山地問他：「請問大人家中人口多少？每月需要多少花費？」

董秀回答說：「家中人口衆多，負擔又重。目前物價昂貴，一月總需要千餘貫錢才能應付家中開銷。」

陳少游聽了，對董秀說：「按照大人的支出，您的俸祿根本不夠用啊！這得經常求助於人才行。晚生心想，假如有人能向大人提供資金，而大人願意加以提攜的話，那一切就好辦了。」

董秀一聽就動心了，陳少游見董秀動搖的樣子，便直言道：「在下雖是不才之人，但請允許我單獨承擔您的生活費用，每年送上五萬錢。現在我身邊就帶有這個數目，請先收下，以後的等我上任後再補齊。」

董秀見錢眼開，自然十分高興，熱情招待。

接著，陳少游話鋒一轉，竟流下眼淚，哭道：「只可惜，在下將前往南方赴任，該地瘴氣厚，地處偏僻，只怕到了那裡就沒機會活著回來，更不可能再親睹您的風采了。」

這段話聽似恭維，實則另有深意，因爲不能活著回來，不就代表著沒辦法把之後的錢補上嗎？

所以，言下之意，便是暗示董秀替他另找肥缺。

在一個願打，一個願挨的情況下，董秀馬上接口道：「你的才能很高，不應被派到偏遠的地方。請耐心等待幾天，我一定想辦法幫助你。」

果然不久後，他就改任浙東觀察使，最後又擢升淮南節度使。由於這些地區非常富庶，這位貪官在任內搜刮的財富竟達億萬之數。

知名作家魯迅曾說中國歷史是一部「吃人」歷史，這是個相當傳神精妙的比喻，但是有人戲謔地說，若進一步用「拍馬史」來形容，應該會更加貼切，畢竟除了身爲皇帝或首領之外，哪個臣子、部下不是馬屁精呢？

可以說，一旦他們無法耐著性子去拍皇帝馬屁，自己賴以維生的官位很快就會被剝奪了。熟讀中國歷史的人，必定可以從中發現一個有趣的現象，那就是官位愈高的人，拍馬屁的技術愈好。越是森嚴的等級制度，越會產生拍馬屁的風氣。

獲得賞識，自然大有好處

拍馬屁的目的就是希望某一天能爬上較高的台階，得到更多資源與榮耀，只要獲得有力人士賞識，自然大有好處。

拍馬屁可說是歷久不衰的滾滾洪流，即使到了幾千年後的近代中國，拍馬屁的風氣也未隨時間流逝而消退，就連被稱爲推動中國近代化第一人的李鴻章，也跳脫不出這個馬屁文化。

話說李鴻章夫人五十歲生日那天，滿朝文武大臣都準備前去祝賀。消息傳到合肥知縣那裡，他爲了逢迎求榮，當然也打算動身前往祝賀，但是左思右想，卻爲賀禮傷透了腦筋。賀禮太少，顯得寒酸不起眼，送了等於白送；賀禮太多，憑自己的能力，又擔當不起。

縣官斟酌了半天仍拿不定主意，只好請師爺前來商議。

師爺一聽，大笑著對知縣說：「這事容易，我保您在一兩銀子也不用花的情況下，就將這禮送到中堂大人、夫人的心坎裡，別人遠不能及。」

知縣聽了自然高興，可是怎麼也搞不明白，天下哪有這種好事，便問道：「該送何種禮物呢？」

師爺從容回答：「一副普通的壽聯即可解決問題。」見知縣一臉不以爲然，師爺連忙繼續解釋：「這壽聯包您飛黃騰達，不過，必須由我親手來寫，您親自送上，請中堂大人務必當場過目，這過程不能疏漏。」

第二天，知縣立刻帶著寫好的壽聯上路，日夜兼程地趕路，幾日後便來到京城。

等到祝壽之日，知縣戰戰兢兢來到李鴻章面前說：「卑職合肥知縣，受人之託，前來給夫人祝壽！」

李鴻章隨口應了一聲，沒什麼表示，知縣見狀連忙將上聯打開，只見上面寫著：「三月庚辰之前，五十大壽」，李鴻章心想，夫人二月過生日，他寫了「三月庚辰之前」，倒也還算聰明。

緊接著知縣又拉開下聯，上頭赫然寫著：「兩宮太后以下，一品夫人」。

所有人一看，便撲通跪在地上，原來「兩宮」指的正是慈安、慈禧兩位太后。李鴻章一看當然大爲歡喜，立刻命下人將此聯掛在《麻姑獻壽圖》兩邊，也由於這副對聯深得賞識，這位知縣往後的官運自然一路亨通、飛黃騰達。

拍馬屁的目的就是希望某一天能爬上較高的台階，佔有更多社交機會，得到更多資源與榮耀，只要獲得有力人士賞識，自然大有好處。

在一般人眼中看來，這樣的馬屁精最沒自尊，其實，他們就是爲了享有將來的自尊，才委屈自己搖尾乞憐。因此，面對這種拍馬「英雄」，又怎能用一個簡單的「錯」字形容？

把馬屁拍到上司的心坎裡

一個真正稱得上大師的拍馬者，不只要了解諂媚對象的心理、稟性、好惡，還要探知他所處的環境及人事關係。

心理學家研究指出，人們在意見、觀點一致時，就會相互肯定，反之就會相互否定。所以，拍馬之徒在諂媚巴結上司之前，總是會先細細揣摩對方的喜好，然後儘量迎合、滿足對方的慾望。

更高明的是，有些拍馬高手不只特別注意研究諂媚的對象，還能夠搶先一步，將上司想說而未說的話先說了，想辦而未辦的事先辦了，表現出極大的主動性。這是拍馬學中的高手，也是最被上司賞識的角色。

無論明君或昏君，身邊都會有一些精幹的拍馬臣子，不管政治風暴如何強烈，他們總能化險爲夷，全身而退，隋唐時期的封倫便是這樣的人物。

封倫本來是隋朝大臣，隋朝開國不久，文帝便命令宰相楊素負責修建宮殿，楊素任命封倫爲土木監，將整個工程交給他主持。

封倫不惜民力、窮奢極侈，將宮殿修建得豪華無比，這使一向標榜節儉的隋文帝一見勃然大怒，罵道：「楊素這老東西存心不良，耗費大量人力物力，將宮殿修得這麼華麗，這豈是要讓老百姓罵我嗎？」

楊素害怕因此丟了烏紗帽，急忙與封倫商量對策，封倫卻胸有成竹地安慰道：「宰相別著急，等皇后一來，必定會對你大加褒獎。」

第二天早上，楊素被召入新宮殿，正擔心受到責罵，誰知皇后獨孤氏果然誇讚他說：「宰相知道我們夫妻年紀大了，也沒什麼開心的事，所以下功夫將這宮殿裝飾了一番，這片心意眞令我感動！」

封倫的話果然應驗了。

楊素對他料事如神感到很訝異，從宮裡回來後便問他：「你怎麼會想到這一點？」

封倫不慌不忙地回答說：「皇上天性節儉，所以一見這宮殿便會發脾氣，可是他又事事都聽皇后的主意，皇后是個婦道人家，當然貪圖華貴漂亮，所以我想這豪華的宮殿不會有問題。」

儘管楊素已算得上是個老謀深算的人物，對此也不得不感嘆：「封倫揣摩上意的功夫，不是我所能及。」從此對封倫另眼看待，並多次指著宰相的大椅說：「日後，封倫必定會佔據這個位置。」

只可惜，還沒等封倫爬上宰相大位，隋朝便滅亡了，他歸順唐朝之後，又開始揣摩新主子的心態。

有一次，他隨唐高祖李淵出遊，途經秦始皇的墓地。那座連綿數十里、建築極爲宏偉的著名陵園，經戰火洗禮後，幾乎破壞殆盡，只剩殘磚碎瓦。

李淵見狀不禁十分感慨，對封倫說：「古代帝王耗盡百姓國家的人力財力，大肆營建陵園，有什麼益處呢？」

封倫何等聰明，一聽這話，便明白李淵不贊同厚葬，於是，這個曾以建築窮奢極侈而自鳴得意的傢伙，立刻換了一副面孔，迎合說：「上行下效，上位者的舉止會使底下人起而效尤。自秦漢兩朝帝王實行厚葬，朝中百官、黎民百姓競相仿效。可是古代墳墓中，凡是埋藏眾多珍寶的，很快就被人盜掘。若是人死而無知，厚葬全都是白白浪費；若人死而有知，陵墓被人盜掘，難道不痛心嗎？」

李淵聽了封倫這番大論後極力稱讚，不禁點頭說道：「從今以後，自上至下，全都實行薄葬！」

由此可知，一個眞正稱得上大師的拍馬者，不只要了解諂媚對象的心理、稟性、好惡，還要探知他所處的環境及人事關係，這樣才能夠棋高一著、行先一步，把馬屁拍到上司的心坎裡。

先讓對手吃點甜頭

面對難以應付，不輕易讓步的對手，不妨給一點點小甜頭，用利益去降低他們的防備心。

商場上有句行話，叫做「不見兔子不撒鷹」，意思就是要人審愼行事，避免捕風捉影的莽撞行動。要知道，耳聽爲虛，眼見爲實，「一手交錢，一手交貨」雖是句老話，卻也是不可否認的定理。

當然，換個角度來說，有些人爲了達到自己的目的，某些時候也會假意放出「兔子」，誘使對方「撒鷹」，然後再好整以暇地把兔子收回籠子裡，順便連鷹都一起抓到手。

老黃在社會上打滾了多年，很有自己獨到的經驗，辦事能力相當強，各種問題幾乎都難不倒，因此很受公司器重，被調到業務部門，擔任起人人避之唯恐不及的「討債」工作。

老黃接下的第一個任務，是前往一間態度相當難纏的經銷公司催討款項，而對方派出接待他的是業務部門的裴主任。

兩人說了半天，裴主任就是不入正題，只要一聽到老黃提起錢的事，就馬上用別的話給擋回去。老黃這下子明白，裴主任必定也是個精明的人，能力絕對不在自己之下，相當不好應付。

這可怎麼辦呢？

當然要換個方法出擊。老黃認爲，這號人物雖然總是逃避對自己不利的問題，卻有個弱點，就是一旦遇到好處，便會馬上被利益蒙蔽了眼睛，寧可把腦袋削尖也要拚命往前鑽。

念頭一轉，老黃決定施展欲擒故縱之計，神秘兮兮地湊近裴主任說：「跟您說個好消息，我們工廠最近要降價處理庫存產品，這可是個難得的好機會。」

「是嗎？降價幅度多少？」裴主任立刻睜大了眼睛，來了精神。

「所有產品全面降價，約在十五％至二十五％。」老黃說。

「喔！那倒是不錯。我們可以續約，繼續經銷你們的產品。」

「很抱歉，這可不行呀！因爲是降價銷售，所以必須以現款提貨，更何況你們還欠著一筆錢呢！」老黃搖搖頭。

「那就算了，我們現在還眞拿不出現金。」

裴主任不愧是條老狐狸，根本不上當。

一擊失利，老黃毫無表情。他有信心，對方絕對不會輕易放過到手的利益，只要再加一下溫，不怕獵物不上勾。

第二天，他再度前往拜訪裴主任，但講沒兩句話便匆匆起身，表示公司有吩咐要快點回去，以免其他負責銷售的員工忙不過來。

裴主任一聽，立刻起身握著老黃的手說：「你幫我替上級聯繫一下，過去的欠款我先歸還三分之一，然後以現款購買降價產品，如何？」

老黃知道計策發揮了功用，心裡得意極了，卻仍舊不動聲色，沉穩地說：「這簡單，只要你能多少還一些欠款，讓我有面子，其他就包在我身上。」

回到公司後，老黃立刻向主管說明狀況，並提出自己的打算，進行安排。果然，不出幾日，裴主任便親自登門。

只見他拿出支票，讓老黃看了幾眼確定便又收了起來。老黃明白，裴主任仍有疑心，要一手付錢，一手交貨。

於是，他便開始忙著幫裴主任辦理手續，之後，又親臨儲運部門調車提貨。裴主任跟前跟後查點著數量，等到確定一切準備就緒，貨物也裝載完畢，只待出發，才把支票交到老黃的手裡。

卻沒料到老黃才拿到支票，下一秒就張口大喊：「停。」

裴主任沒料到有這一招，猛地一驚，出了一身冷汗，想要阻止，可是支票已經握在對方手上，拿不出半點籌碼。

「裴主任，對不起了，我們還是要按規矩行事。我先把你欠的錢全部扣下，再看看究竟還能買多少貨物。」老黃面帶微笑，不慌不忙地說。

裴主任機關算盡，以爲自己掌握到一切好處，最後卻仍舊栽了個觔斗，敗在老黃手裡，說穿了就是因爲好貪小便宜。

太多人都有這樣的毛病，只要看見眼前的利益就忘了對方眞正的目的，傻傻地跳近圈套裡去。明白這個道理，就可以活用一些厚黑技巧：面對難以應付，不輕易讓步的對手，不妨給一點點小甜頭，用利益去降低他們的防備心。

廣結善緣，才能左右逢源

拍馬屁得善擇對象，除了要巴結當權者之外，也要留意未來的當權者，甚至在關鍵時刻扶他們一把。

道行淺的拍馬者往往只青睞現在的當權者，而忽視一時的失意者或有發展潛力但鋒芒未露的人。要知道，前者可能東山再起，後者也可能時來運轉，因此，有朝一日若是這些人掌權時，粗心的拍馬者便只能處於尷尬地位。

聰明的馬屁精則不然，他們除了極力奉承現今的當權者外，也會留意未來可能的當權者，並且在關鍵時刻幫他們一把。

這是一種相當聰明的做法，等到這些人眞正握有權力的時候，怎會不感激那些曾經幫助過自己的人呢？

姚廣孝是協助明朝永樂皇帝篡奪帝位的一名謀士和功臣。他本是一名和尚，法號叫做道衍，自幼出家，本應遠離紅塵，入深山古寺長伴青燈，過著誦經坐禪的生活，但他卻偏偏熱衷俗務、追逐功名，周遊聲色繁華之地，出入王侯將相之家，想尋找一個可以依靠的主子。

那時，正當明太祖死後不久，繼承帝位的朱允炆是個十分軟弱的新君，無法控制局面，幾位皇叔都虎視眈眈，覬覦著帝位，其中又以燕王朱棣的實力最強。

公元一三八〇年，姚廣孝在南京首次見到朱棣，那時朱棣才只有四十歲上下，正是英武有爲的年紀，姚廣孝一見便知他正是自己要攀附的人。

朱棣也聽過姚廣孝的名字，聽說他精通禪理、詩文俱佳，便打趣地出了句上聯，要他做對子。上聯是「天寒地凍水無一點不成冰」，姚廣孝當即回答「世亂民貧王不出頭誰作主」，暗喻朱棣應該成爲天下之主。

朱棣明白他的意思，立刻邀至王府中，恭敬地問：「大師有何事指教？」

姚廣孝回答說：「老僧最擅相面之術，多年來雲遊天下，閱人衆多，但從未見

過如大王一般的非凡骨相，這豈是久居人下之人！如今國家初立，凡事皆局，望大王善自珍重。如大王能令老僧追隨左右，日後老僧一定能奉上一頂白帽子加於大王頂上。」

「王」字上加一「白」，即是皇帝的「皇」，姚廣孝這一馬屁拍得正是地方，朱棣立刻將他視爲心腹，留在身邊。

在後來朱棣起兵反叛朱允炆的政變中，姚廣孝發揮重要作用，成爲主要謀臣，因而朱棣登上皇位後，他以師友的身分被視爲第一功臣。

這說明了拍馬屁得善擇對象，除了要巴結當權者之外，也要留意未來的當權者，甚至在關鍵時刻扶他們一把。

「廣結善緣」的做法或許不一定能助人飛黃騰達，但至少可讓人永保平安。

4.
PART

迂迴側擊，把心機耍得不著痕跡

有時候，想進行的事涉及利害關係，
不能光明正大地「直接來」，
如何做到既不留痕跡，又能哄得對方開心，
決定了事情的成敗。

拍馬術是一門公關藝術

要記住拍馬屁講究的是時機藝術，應拍則拍，適可而止，切忌一味盲目瞎拍，萬一拍到馬腿上，那就自討苦吃了。

在人生的舞台上，每個人都是演員，必須做到「演什麼，就要像什麼」。同樣的道理，學習拍馬屁也需要用心投入，如果以爲這是一門隨隨便便就可上手的技巧，那就大錯特錯了。

現實生活中，人人都討厭拍馬屁，卻又實在離不開拍馬屁，也不得不去拍馬屁，只是方法高不高明、效果理不理想，就各憑本事造化了。

事實上，如果只知默默埋首工作，但不懂得討好上司，經營人際關係，通常會

吃力不討好，事倍功半，所以，應把拍馬屁當成一種謀生必備的技能和說話辦事的手段，而非見不得人的伎倆。拍馬屁可以是個人能力與才幹的表現，運用得當，就等於抓到事業的突破點。

日本著名的學者、社會活動家池田大作曾經正面解讀說：「拍馬屁，是一門看到別人優點的學問。」

寥寥數字，卻點出了拍馬屁的精髓。

某個人才調查中心的一份調查報告顯示，每一百位才華洋溢的人士中，就有六十七位因人際關係不佳而在事業上嚴重受挫，難以獲致成功，他們共同的心理障礙，便是難以啓齒讚美別人。

美國《財富》雜誌的名人研究會，曾對五百位年薪五百萬美元以上的高階管理人員，和三百名政界人士進行調查，並從他們的回覆中得出以下結果——百分之九十三的人認爲，人際關係的順暢與否，是事業成功的最關鍵因素。想要與他人維持良好的關係，最核心的課題就是要學會讚美別人。

日本東京的國民素質研究會，在總結自己國家戰後迅速發展的原因時也說：「我們日本人民的一大優點，就是對外人不停地鞠躬、不停地說好話，使別人感到高興與備受尊重。可以這麼說，就是因為善於發現別人的長處，所以日本能成功又快速地走向世界頂峰。」

以上這些調查與評論都清清楚楚說明了一個事實，適時拍點馬屁，能使人更快邁向成功。

如果你能明瞭並同意這個道理，那證明你是個聰明的人，既能看清時局，也能調整自己的腳步；但你若是遲遲無法理解、冥頑不靈，那想在事業上獲得成功，恐怕希望相當渺茫。

儘管如此，要記住拍馬屁講究的是時機藝術，應拍則拍，適可而止，切忌一味盲目瞎拍，萬一拍到馬腿上，那就自討苦吃了。

愛自吹自擂，只會失去升遷機會

愛聽奉承話是人類的天性，握有權力的人更是如此，下屬最忌諱自吹自擂、邀功逞能，這種人十個有九個會遭猜忌而沒有好下場。

英國有句諺語說：「最高明的馬屁精，是他對你說了一堆奉承的話語之後，還再三強調，這些奉承的話，都是從別人那裡聽來的。」

的確，最聰明的奉承者，還常會當著逢迎對象的面前，做一些他所喜歡的事情，但都打死也不承認，這些事都是爲他而做的。

龔遂是漢宣帝時一名賢良能幹的官吏。有一段時間，渤海一帶災害連年，百姓不堪饑餓，紛紛聚衆造反，當地官員鎮壓無效、束手無策，於是宣帝派七十多歲的龔遂前去擔任渤海太守。

幾年後，渤海一帶百姓安居樂業，龔遂名聲大振。於是，漢宣帝召他還朝。當時，龔遂的幕僚中有一位王先生，請求隨他一同去長安，並對他說：「讓我同行，對你會有好處的！」

其他幕僚卻不同意，說道：「這個人一天到晚喝得醉醺醺，又好說大話，還是別帶他去比較好！」

但龔遂說：「他想去就讓他去吧！」

到了長安，這位王先生還是惡習不改，終日沉溺在酒鄉之中，也不去見龔遂。直到有一天，當他聽說皇帝要召見龔遂時，便對看門人說：「去將主人叫到我的住處，我有話要對他說。」

龔遂也不計較他一副醉漢狂徒的嘴臉，還真來到他家。王先生問：「天子如果問大人如何治理渤海，大人打算如何回答？」

龔遂說：「我就說我任用賢材，使人各盡其能，且嚴格執法、賞罰分明。」

王先生卻連連搖頭道：「不好，不好！這麼說豈不是自誇其功嗎？請大人這麼

回答：『這不是小臣的功勞，而是當地百姓受到皇上感化！』」

龔遂接受他的建議，按他的話回答漢宣帝，宣帝果然十分高興，便將龔遂留在身邊，任以顯要而又輕閒的官職。

漢宣帝並不是昏庸的帝王，但喜好虛榮、愛聽奉承話是人類天性中的弱點，作爲萬人注目的帝王更是如此，龔遂的王姓幕僚建議「有功歸上」的做法正是迎合這一特性。

由此可見，討好上司絕對是求榮的不二法門。

在這方面，隋朝名臣韓擒虎的表現也不遑多讓。

韓擒虎是隋朝的開國功臣，統一南北的最後一仗中，他擔任一路軍的統帥，首先攻入陳國都城金陵，陳國的末代皇帝陳叔寶便是由他俘獲。

戰勝後，他將自己在戰爭中的種種謀略、戰術加以總結，寫成一本書，書名題爲《御授平陳七策》，意思是說這些謀略戰術都是由皇帝授予的，因此，平陳一戰也是在皇帝的親自指揮和領導下取得勝利。

可見，韓擒虎雖是名武將，但也深明獻媚討好的功夫。

只是隋文帝並不是好與臣下爭功的人，他謝絕韓擒虎的好意說：「你是想替我揚名，但我不求名，你把它寫進自己的家史中吧！」

不過，隋文帝還是因而增加對他的好感，並授以高官。

愛聽奉承話是人類的天性，握有權力的人更是如此，下屬最忌諱自吹自擂、邀功逞能，這種人十個有九個會遭猜忌而沒有好下場。

身爲屬下一定要懂得「有功歸上」的道理，別在上司面前誇耀自己的才華和功勞，如此一來自然能長保榮華富貴。

善用手段，才能左右逢源

要達到目的，首先必須摸清對方的喜好，其次是要讚頌對方引以為榮的事情，三是要切記，把自己成功地推薦給對方才是根本目的。

與其說拍馬屁是爲了升官發財，倒不如說是爲了求生存、謀發展，許多人際關係大師都說，在某種意義上，拍馬學的潤滑功能就好比汽車上的機油，少了它有時就寸步難行。

一個人，尤其是有點才華的人，想要在現代社會安身立命，無論如何都要握有這個生存之道。

在人際關係日趨複雜的時代，如果你不願做隱士，就要甘願忍受社會中的一切「俗」務，譬如拍馬屁。

自認剛正不阿，太聰明、太認眞的人，很難在社會上生存下去，所以應當把鄭板橋的名言「難得糊塗」當作自勉之語。

「書呆子」是人們對讀書人的稱呼，但爲什麼才高八斗的書生會被冠上如此不雅的名稱呢？

這是因爲古代的書生通常都因自視才高而失意。

有才氣、有節操的人絕對不爲五斗米折腰，這是歷代文人都贊成的一個觀點，但紙上談兵容易，若是眞爲「五斗米」考慮時，可能就無法如此瀟灑了。畢竟和養家活口的壓力相比，清高實際上沒那麼重要。

「清高」是個與拍馬屁相反的名詞。舉凡清高的人大多是讀書人，也是與現實環境合不來的社會邊緣人。從古到今，我們發現自命清高的人往往難成大事，大多終日掙扎於理想與現實的兩難之中，結果搞得自己內心痛苦，又不得人賞識與喜愛。

其實，拍馬的功夫不僅適用在阿諛奉承，討別人歡心，還可以用在正途，有助於發展自己的事業，像近代實業家盛宣懷的「電報」發跡史，也是靠拍馬的技巧才得以完成。

當時，在李蓮英保薦下，醇親王特地接見了盛宣懷，並向他詢問有關電報的事宜。盛宣懷在之前和醇親王並無交往，不過與他的門客「張師爺」往來密切，因此得知醇親王從不認爲中國文化比西洋差，除此之外，醇親王雖然好武，但並未因此「棄文」。

了解了醇親王的喜好後，盛宣懷就事先做了點功課，從別人那裡抄了一些醇王的詩稿備用。

因而當醇親王問：「電報到底是怎麼一回事？」

盛宣懷立刻答道：「電報本身並沒有什麼了不起，全靠活用，所謂『運用之妙，存乎一心』，如此而已。」

醇親王聽能引用岳飛的話，不免另眼相看，問說：「你也讀過兵書？」

盛宣懷又答道：「在王爺面前，小的怎敢說讀過兵書？英法內犯，文宗顯皇帝西狩，憂國憂民，竟至駕崩，那時如果不是王爺神武，大局眞不堪設想了。」

盛宣懷略停了一下又說：「只要是有血性的人，誰不想洗雪國恥，宣懷也就在那時候自不量力，看過一兩部兵書。」接著他又把電報描繪得神乎其技，醇親王自然就把督辦電報的事業交給他辦了。

從盛宣懷的成功經驗中我們可以發現，要達到目的，首先必須摸清對方的喜好，其次是要讚頌對方引以爲榮的事情，三是要切記，讚頌對方本身只是手段，把自己成功地推薦給對方才是根本目的。

盛宣懷略施拍馬小計，就順利地達到了目的。

觀察清楚，找出最適當的奉承方式

投上所好雖是必須，但並不是所有人喜歡的東西都相同，遇到不同上司，得先觀察清楚，找出最適當的奉承方式，以免弄巧成拙。

拍馬屁在現實環境裡比學歷、能力、知識與容貌都來得有效用，它能發揮驚人的威力，使目的迅速達成。

但馬屁人人會拍，巧妙各有不同，高明的馬屁精不但懂得視對象調整奉承內容，更深深了解見風轉舵、隨機應變的重要。

有人說：「一百個男人有九十九個好色，例外的那個是因爲有毛病。」

翻開中國古代宮廷歷史，我們不難得知，官場裡的達官顯貴大多是好色之徒，即便已經擁有三妻四妾，卻總想找新花樣縱情淫樂。有些諂媚之輩便絞盡腦汁地提供各種服務、各種點子取悅上司，尤有甚者，還到各地去蒐羅美色或者親自研製秘藥，獻給上司以求取功名。

元末順帝時，有個著名的奸臣哈麻，因擅長阿諛奉承，投主上喜好，竟從宮中侍衛一路往上爬到右丞相職。爲了打擊元老重臣脫脫，同時鞏固自己的地位，哈麻恬不知恥地誘使順帝日日與女人嬉戲，好將朝政交給他。

首先，哈麻將西方僧人引進宮廷。這些胡僧都擅長阿拉伯的「房中術」，據說能使人快樂無比，順帝試用後，果然龍心大喜，封他爲司徒，專門在宮中教授這種使人大喜大樂的房中之法。

哈麻進獻胡僧後，果然更得順帝寵信，也同時被封爲「倚納」，准許和順帝母舅、順帝弟弟八郎等十人，一同在宮中學習房中術。

哈麻見主子樂此不疲，便四處搜尋良家少女供順帝享樂，日夜淫戲。君臣、宮女、嬪妃時常赤身裸體，同處一室，相互戲淫，更將君臣同居之所號稱「皆即兀該」，意思爲「事事無礙」。

哈麻因獻僧取淫之計見效，又要求順帝建造「百花宮」，並找尋婦女供其玩樂，順帝自然答應他們的請求。皇命一出，上自公卿命婦，下至市井麗人，全都難逃魔掌。哈麻還從中選出十六名美女，頭飾紅纓，裝扮成菩薩模樣，稱爲十六天魔舞女，弄得順帝如醉如癡。

元朝律令規定，皇帝每五日須遠離眾妃一日，專心處理國事，但荒淫無度的順帝怎麼肯遵守？爲避免被群臣非議，哈麻等便命人從順帝寢宮挖掘地道，與眾宮室和天魔舞女居處相連，這樣就可不受制度限制，夜以繼日、通宵達旦地盡情歡樂。久而久之，哈麻儼然握有了最高權力，在朝廷中翻雲覆雨。

到了明朝，荒誕的故事仍在宮廷中上演。

明憲宗時代的內閣首輔大臣萬安，特別善於拉關係、走後門。那時，明憲宗相當寵愛一名姓萬的妃子，萬安便以同姓爲出，認萬貴妃爲本家。有了這個靠山後，他的氣焰更是高漲，地位更是牢固。

明憲宗不理朝政，經年不上早朝，有時難得出來一回，內閣大臣萬安只是一味叩頭高呼萬歲，不讓其他大臣上奏，皇帝一看無事，便又退回後宮，從此更加懶得見大臣。因此，當時人們都譏笑萬安為「萬歲閣老」。

除此之外，他還不時獻上各種「秘方」討皇帝開心。萬安本身在年老後得了不可告人的病，可是好色之心未減，他的門生倪進賢得知，特地贈他一個秘方，時人諷刺倪進賢為「洗鳥御史」。身為內閣大臣的萬安，又轉而將這秘方送給皇帝，得到一個更難聽的綽號——「洗鳥相公」。

萬安知道後，非但不以為恥，還沾沾自喜。憲宗死後，明孝宗上台，他又將專講淫慾之法的「房中術」，以奏疏的名義進獻給新皇帝，但是，明孝宗不吃萬安那一套，並斥責萬安說：「這是一個大臣應當做的事嗎？」讓年已七十多歲的萬安嚇得不敢出聲，最後還因此丟了烏紗帽。

從這件事可以知道，投上司所好雖是必須，但並不是所有人喜歡的東西都相同，遇到不同的上司，得先觀察清楚，找出最適當的奉承方式，以免弄巧成拙，落到像萬安一般的下場，榮華富貴轉眼成空。

迂迴側擊，把心機耍得不著痕跡

有時候，想進行的事涉及利害關係，不能光明正大地「直接來」，如何做到既不留痕跡，又能哄得對方開心，決定了事情的成敗。

巴結上司時，直截了當展開攻勢不見得有效，因爲有的上司高高在上，不讓底下的人輕易接近；有的上司標榜賢明，對露骨的吹捧奉承保持警惕。

所以，善於阿諛諂媚之人有時會採取迂迴手段，先從上司的身邊人下手，放長線釣大魚。

一九〇〇年，清政府恢復盛京將軍曾棋的職務，要他回奉天收拾殘局、穩定政事。此時，東北土匪頭目張作霖眼看中俄戰爭已結束，生活日益難過，因而想要金盆洗手，轉而歸順清廷謀求功名。

不過，張作霖轉念一想，直接去投靠曾棋其實是件危險的事，因爲還弄不清對方的心思，搞不好會被一網打盡，落個身首異處的下場。於是，張作霖便決定先從曾棋的夫人下手。

張作霖對底下的匪徒說：「你們也許聽說了吧！奉天將軍曾棋帶家眷逃到錦州、義州一帶好久，現在他復職了，聽說前些日子，他派人去接家眷回奉天，這是我們的大好機會，當曾棋的家屬經過此地時，我們要連人帶物劫下來，但不准亂動，不可傷人，一切聽我的命令行事。」

該年秋天的某個中午，曾棋派去接家眷的四輛馬車由全副武裝的士兵保護著，一路大搖大擺地走過來。張作霖見狀，一聲令下，四下埋伏的手下從隱蔽處一湧而上，由於人多勢衆又凶悍，官兵只得俯首就擒。

劫匪們看著馬車上一箱箱的物品，個個笑顏逐開，還有一個首領走到華貴的馬車前掀開簾子，色瞇瞇的看著車內女眷們，令曾夫人十分害怕。正當危急的時候，突然聽見一旁有人大聲喝道：「哪個人敢壞了我張雨亭的規矩？」

只見張作霖帶著一隊人馬，大步走到曾夫人馬車前，故作生氣地說道：「湯玉鱗，你有眼不識泰山，竟敢背著我私動督軍寶眷的車，看我斃了你！」接著，他又跪倒在馬車前說：「手下冒犯了督軍夫人，實在罪該萬死！請您息怒。」

曾夫人本來以爲一切都完了，現在絕處逢生，不由又驚又喜，再看張作霖，更是爲之錯愕。

過去聽說張作霖是奉天著名的匪首，長得身魁力大、面貌凶惡，現在一看，卻是一個儒雅溫和、文質彬彬的青年，不禁大感驚訝。

張作霖繼續說：「我張雨亭雖是匪徒，但也有自己的規矩，專殺爲富不仁者，從不作賤婦女。夫人，這既是您的座車，我絕不敢動一絲一毫，車馬箱籠，一概奉還。現在請夫人先到敝處安歇，我擺酒宴爲夫人壓驚。」

曾夫人看張作霖頗講義氣，不由得放下心來。

只是，曾夫人一到駐地就生了重病，張作霖派人悉心照料，又請來當地名醫徐子義爲曾夫人治病。

曾夫人在徐子義診治下，病情逐漸好轉，對他非常感激。徐子義則藉機向曾夫人大講張作霖的好話，說他如何力排衆議，不怕得罪弟兄們，全是爲了救她，又編出許多張作霖行俠仗義的故事。

有了徐子義美言，再加上適時噓寒問暖、悉心照料，果然令曾夫人大爲感動。徐子義趁機再進言：「張雨亭久困山林之中，卻是個難得的人才。事實上他亟欲棄暗投明、歸順朝廷，怎奈雖有報效社稷之志，卻苦於無人舉薦啊！」

曾夫人一聽，心想若眞能招降，無疑爲地方除一大害，就答應與張作霖談談。張作霖面見曾夫人時，仍是行大禮參拜，然後低首站立，大大地滿足了曾夫人的虛榮心。

曾夫人說：「我在省城時，就聽說綠林各幫與曾將軍爲難，其中屬你的名聲最大，不過這次路上巧逢，多虧你識大義，我才得以安然脫困。聽徐先生講你的心願，我很同情，看你也是一個有作爲的青年，若能棄暗投明，前途一定不可限量。只要你能保證我們一行平安到達奉天，我也一定保證向曾將軍建議，收編你們這股力量，爲奉天地方效勞，這樣好嗎？」

張作霖聽了立即稱謝，並說：「若有幸能帶領衆弟兄到曾將軍麾下爲國效命，

有生之日，絕不忘記曾夫人的大恩大德。」

曾夫人病癒返家時，張作霖不但將物品一一點清，槍枝全部退還，還派人護送到新民府。曾夫人及隨行人員大受感動，臨別時拿出紋銀賞給張作霖部眾，但張作霖婉言謝絕說：「只要我們有出頭露面的一天，那就沒齒難忘了。」

曾夫人回到奉天後，告知曾棋事情的經過，與張作霖棄暗投明的心意，並誇他溫和儒雅、懂禮和善，不似一般草莽土匪。

曾棋對張作霖搭救自己家眷的行爲十分感動，於是立刻將情況上報，並徵得朝廷同意，不久，便命令新民府曾韞把張作霖編爲省防營。

由張作霖的例子可以得知，高超的行事技巧，重點在於「迂迴側擊」。有時候，想進行的事涉及利害關係，不能光明正大地「直接來」，如何做到既不留痕跡，又能哄得對方開心，決定了事情的成敗。

勇敢拍馬屁，才能贏得勝利

要拍馬屁就不要愛惜那一層薄薄的臉皮，對當政者來說，大方不扭捏的真小人，其實遠比滿口仁義道德的偽君子要更加可愛。

猶豫不決、瞻前顧後是種懦弱的人性，許多事思前慮後，往往失去先機。考慮太多，只會白白將好處拱手讓人，與其如此，倒不如從現在開始，收起猶豫跟矜持，拿出決心跟魄力，立即行動。

北宋末年，號稱「六賊」之一的王黼，是一個深諳「馬屁之道」的能手。王黼原名甫，因與東漢的一個宦官同名，宋徽宗特地改賜新名。

造物主似乎對王黼特別慷慨，除了讓他生來就有一張漂亮的臉蛋，且英俊魁梧，還給他「多智善佞」的聰明頭腦和能說善道的口才。此外，王黼的機運也不錯，雖然不學無術，卻中了進士。

王黼中進士後，出任相州司理參軍，與何誌共同編修《九域圖誌》。司理參軍這個官不大，野心勃勃的王黼無時不想升官，因而密切注視時局的變化，以窺伺鑽營良機，尋找得力靠山。

何誌的父親何執中爲朝廷重臣，雖平凡庸碌，但由於地位高，實際權力和影響力並不小。王黼認爲此人可以利用，便千方百計去奉承他。

何執中一見王黼，即爲他的儀表和口才吸引，又受到他巧妙的諂媚逢迎誘惑，便極力向皇上推薦，使得王黼很快升爲校書郎、符寶郎、左司諫。

利用過何執中之後，王黼隨即轉移目標，尋求更大的靠山，經過仔細觀察和認眞思考，最後鎖定在蔡京身上。

他先是上書奏事，爲蔡京歌功頌德，接著又以一副「義正辭嚴」的架勢，彈劾當時的宰相張商英，此舉正合宋徽宗的心意，隨即罷免了張商英。蔡京復任宰相後，非常感謝王黼彈張助己之功，因此對他大加提拔，接連授以左諫議大夫、給事中、御史中丞等職位。

只用兩年時間，王黼便從校書郎這樣的小吏，驟升到御史中丞這樣的高位，他的第二次投機又大獲成功。投機，帶給他莫大的利益，讓他更加迷戀此道。

成功找到大靠山後，爲了進一步加強蔡京對他的好感，王黼又想出一個新主意——罷免何執中的官位，使蔡京得以獨攬國政。爲此，他不惜恩將仇報，上疏彈劾何執中，羅織的「罪狀」竟高達二十條。

除了蔡京之外，此時的鄭居中也頗有權勢，王黼看到他未來潛力很大，於是又去巴結，不過這一回卻弄巧成拙，栽了個大觔斗。原來蔡京與鄭居中一向不合，看到王黼又去巴結鄭居中，不禁大怒，將他貶爲戶部尙書。

但是，挫敗不能澆熄王黼的野心，在巴結蔡京、鄭居中的同時，他也暗暗找了其他的靠山，那便是權傾朝野的宦官梁師成、童貫。尤其對有「隱相」稱號的梁師成，他尤爲卑躬屈膝，總以父禮事之，稱爲「恩府先生」。

爲獲得高官厚祿，王黼不斷在尋求政治靠山，絞盡腦汁去巴結各權貴，但他的最終目的和最後靠山只有一個，就是宋徽宗本人。

與宋徽宗接觸後，王黼憑著他的拍馬功力，逐漸獲得寵信，此後一路青雲直上，連升八級，官至副相，成爲宋朝前所未有的特例。

爲了讓宋徽宗高興，王黼極力迎合，設法滿足他荒淫靡爛的慾望，對人民極盡搜刮敲詐之能事，甚至建議成立供奉皇帝享樂所需物品的專門機構「應奉司」。一時間，全國大小官吏莫不競相將本地最好、最貴的物產珍品，與最美麗的女子上交應奉司。

博得皇帝歡心的手段還不止於此，王黼在宋徽宗面前可用醜態百出來形容，全然忘記自己的大臣身分，毫無體統可言。每逢宋徽宗設宴，王黼爲了助興，常常「短衫窄褲，塗抹青紅，雜倡優侏儒，多道市井淫媟謔浪語，以蠱帝心」。

在玩集市遊戲時，時常由王黼扮演市令，徽宗則故意責罰「市令」，以鞭子抽打取樂，王黼則跪倒在地，故作可憐狀，口中連連哀求：「求求堯舜賢君，您就饒了我這一回吧！」

君臣玩得十分盡興，令旁觀者啼笑皆非。

值得玩味的是，王黼諂媚成性，哪怕是在做這種君不君、臣不臣的遊戲時，也沒忘記趁機歌功頌德，不斷口稱宋徽宗爲「堯舜賢君」，眞可說是一大諷刺！

浪蕩皇帝宋徽宗還喜歡微服出遊，以消愁解悶，有時甚至尋花問柳。王黼作爲副相大臣，不但不予勸止，反而大加慫恿，每每隨侍在側，君臣共同逍遙。一次微行時，路遇高牆擋道，王黼便立即送上肩膀，好讓徽宗踩著他的肩頭翻牆，由此可見世間少有的拍馬功力。

要拍馬屁就不要愛惜那一層薄薄的臉皮，對當政者來說，大方不扭捏的眞小人，比起滿口仁義道德的僞君子要更加可愛。王黼就是深明此點，再加上善於投上所好，所以仕途才能直達頂峰，一路平坦順暢。

適時送上甜言蜜語

練就一番拍馬屁功夫絕對只有好處，懂得適時送上幾句甜言蜜語，包管你左右逢源，無論身處何處皆能如魚得水。

想要溜鬚拍馬之時必須小心謹慎，不要顧此失彼，因爲你在恭維、奉承的時候，多數情況下可能不只一人在場。如果你爲了討好其中一個人，而得罪了其他人，這就偷雞不著蝕把米了。

有這樣一個小故事，某個人在家裡宴客，邀請了幾位客人，但到中午吃飯的時候，卻只來了三個。

於是，他著急地埋怨道：「該來的卻不來。」這三位中有一人聽了，臉色一變，起身便走。

他看到後就加上一句：「不該走的怎麼也走了？」剩下兩人中有一人想，他不該走，那不就是說我該走，於是也立即離席。

最後那位客人本來想耐著性子再等一會兒，不料主人又轉身對僅剩的客人說：「我又沒說是他們！」

結果，剩下來的那位客人也被氣跑了。

要記住，只有讓別人活得愉快，自己才能跟著快活。三國時代劉備與孔明「如魚得水」的關係，令後人讚嘆不已，不過，若非劉備先「三顧茅廬」、「禮賢下士」，又怎會有孔明爲他「鞠躬盡瘁，死而後已」呢？

在現實社會中，拍馬學除了涉及彼此的從屬關係外，更包括「男女」、「同儕」等關係，必須妥當關照。

一句話能使人笑，一句話也能使人跳。

既然要將話說出口，當然是挑別人想聽的說，千萬別明知會傷人，還硬要逼人聽，如此當然免不了踢到鐵板。

將拍馬學延伸到男女關係，講究的則是一個「俏」字，這其中又包含了許多巧妙，唯有深明此道，才有「情」事可言。

相傳南宋時期，著名詩人陸放翁遊四川後帶回一名歌妓，並找了一間房子安置她，每隔幾天就去看一次。

有一段時間，陸放翁因爲身體欠佳沒辦法前去，那名歌妓以爲已經失寵，不禁十分擔憂。不過，她也知道硬纏著人只會造成反效果，於是決定巧用自己的絕活，再次激起陸放翁對她的情意。

看過陸放翁的詞後，她也提筆寫了一首很有趣的詞，「說盟說誓，說情說意，動便春愁滿紙。多應念得脫空經，是那個先生教的？不茶不飯，不言不語，一味供他憔悴。相思已是不曾閒，又哪得工夫咒你？」

這樣漂亮又具幽默感與細膩心思的女子，怎能不令陸放翁心花怒放？

由此可見，不論是在官場上、家庭中、或在男女間的情事上，只要能投對方所好，自然就得人疼、受人重視。

練就一番拍馬屁功夫絕對只有好處，懂得適時送上幾句甜言蜜語，包管你左右逢源，無論身處何處皆能如魚得水。

滿足對方需求是拍馬屁的關鍵

有些人的拍馬手段極為低劣，可是因為被拍者昏庸，所以也能見效。拍馬屁的成敗關鍵不在於技術好壞，而在能否滿足對方的需求。

封建時代，皇帝和臣子、上級和部屬間的關係類似買賣，上級出售權力，屬下付出才智武力換取官位。

上級視部下有多少才智武力，再分配份額不等的權力，而部下便如同任何一位精明的顧客，總希望花最小的代價，取得最大的收穫。

東漢末年，漢靈帝昏庸無能，張讓非常得靈帝寵信，因而掌握大權。

可是，張讓野心勃勃，進入權力核心後仍不滿足，爲得到更大的富貴與權力，鞏固自己的地位，一心只求滿足帝王的慾望和貪求以討好皇上，卻將老百姓的疾苦需求完全拋諸腦後。

當時，南宮是洛陽宮殿中一組龐大的建築群，殿堂衆多，窗上有精紡織錦，牆上有華貴壁紙，燭火通宵達旦，輝煌無比，太后、妃嬪們都喜歡居住在這裡。

在南宮所有大殿中，以雲台殿最爲宏偉，裡面除了有皇家圖書館，內藏浩繁卷軸，還珍藏著鄰國外邦及各地郡縣進貢的珍玩奇寶。

西元一八五年二月，雲台殿突然發生大火，椽樑戶窗、帳幔綿繡、珍奇古玩等觸火即燃，火勢蔓延成災，歷時半個月才撲滅。這場無名火重創南宮，使得豪華建築和歷年累積的珍藏損失大半。

對此狀況，漢靈帝自然迫切希望重建，但國庫空虛，巨款無從張羅，張讓等人察覺龍心不悅，便急忙上奏勸靈帝加重稅賦。

奏書中，他振振有詞地說，天下是皇帝的天下，天下的錢財就是皇帝的錢財，南宮遇火，陛下想修建，不過是將自己的錢財用在修建自己的家，何有不妥？張讓並且強調，只要每畝地增收十文錢田稅，再下旨徵調太原、河東等地的木材石料，

南宮重放光彩自然指日可待。

靈帝一聽非常高興，認爲此乃上上之策，並且深深感嘆張讓知己之深。

此後，靈帝一有問題，必定先詢問張讓的意見，而張讓也都能順著上意謀劃對策，讓靈帝龍心大悅，甚至還曾信口說道：「張常侍是我父親啊！」最後，張讓終於一躍登上權力的巔峰。

張讓的例子說明了，有些人馬屁拍得極爲低等，明白人一眼就能看出他的刻意討好，但因爲被拍者昏庸，因而如此等級的馬屁功夫也能見效。

由此看來，拍馬屁的眞正成敗關鍵不在於技術好壞，而在於是不是拍對地方，能否滿足對方的需求。

5.
PART

識人不明，小心賠了夫人又折兵

貪婪是人性，好利也是人性，
如果不能辨明這些人性，
無疑是讓自己時時處於危機之中，
萬一遭受背後冷箭攻擊，
小心賠了夫人又折兵。

得罪小人，後患無窮

小人是會記恨的，小人是會報仇的；得罪了小人，可說後患無窮，因為小人總是躲在暗處讓你防不勝防。

人與人之間的摩擦在所難免，爲了各自的利益發生爭執，也是不難理解的事。成熟的人，能夠靈活處世、就事論事，對事不對人，一旦理論出了結果，不管是贏是輸，都不會懷恨在心。

但是，如果對手是個心胸狹隘的小人，就要小心了。眼前雖然爭得了一時的勝利，卻可能造成無窮後患。

所謂的小人，是指品格低下、手段卑劣之輩，他們特別會爲維護自己的利益而

不擇手段，一旦吃了虧，鐵定非找機會討回來不可。以正人君子自居的人士，對於這樣的人總是特別厭惡，又爲了保持風度，總是不願和他們一般計較。

然而，一旦君子和小人發生了衝突，最後敗下陣來的多半是君子，嚴重的更可能被小人逼入絕境之中。

就拿盛唐大詩人李白來說，由於詩人性格所然，不但對於一些小事完全不拘泥，一旦喝起酒來更是狂放不羈，天皇老子來了也不管。可是這樣的性格也讓他在無形中樹立了不少的敵人，其中一個就是高力士。

據說，才情洋溢的李白曾經因爲文名，受邀至皇宮參加晚宴，在酒酣耳熱之際，皇帝要他作詩，他也一時詩情大發，短短時間連作三首《清平樂》，令在場所有人士佩服不已。

李白在作詩時，曾要求楊貴妃親自磨墨，還命宦官高力士爲他脫靴，氣勢雖然狂妄，但是皇帝愛他文采，也就不以爲意，在場人士更沒人敢有意見。

在這樣的情勢之下，高力士再怎麼不甘願，也得硬著頭皮在衆目睽睽之下蹲下身來替李白脫靴。

掛不住面子且深以爲恥的高力士，暗自懷恨在心，想盡了辦法要找機會復仇。

李白以頌讚楊貴妃的美貌儀態爲意旨的三首清平樂，由於寫得極具意境，更強調楊貴妃的花容月貌，因此很受楊貴妃喜愛，經常拿出來吟唱唸誦。

有一天，楊貴妃吟誦這首詩，高力士聽見了，故作不經意地說：「我還以爲您會因爲這首詩對李白恨之入骨呢！想不到您竟還這麼高興的吟誦。」

楊貴妃不解高力士的話意，便要他說出原由。

只見高力士意有所指地說：「我說他是在嘲諷您呢！您看，他在詩裡將您比做趙飛燕，您想想那趙飛燕是什麼樣的女人？莫非他是在暗指您和趙飛燕一樣淫賤，未來會敗壞國事嗎？」

經過高力士的刻意曲解、移花接木以後，原本清麗讚美的詞句，轉眼間全都成了惡意譏諷的證據。

這下子引起楊貴妃大怒，連帶地也對李白感到反感和憎恨，又回想起宴上作詩的情景，一個小小的翰林竟敢要求貴妃磨墨，當眞是囂張過頭了。

於是，楊貴妃幾次在唐玄宗有意提拔李白的時機，都暗中出言阻止，目的就是要讓李白升不了官，最好被放逐得越遠越好。

就這樣，高力士只用了一句話就斷送了李白的前途。雖然高力士的才氣、才情、才幹都遠遠不如李白，但是他卻能使出陰毒計謀，讓李白的長才毫無用武之地，從此與官途絕緣。

小人是不會瞻前顧後的，小人是不會在乎兩敗俱傷的，小人是不會輕易罷休的，小人是會記恨的，小人是會報仇的。得罪了小人，可說後患無窮，因爲小人總是躲在暗處讓你防不勝防。

把目光放遠，才不會用問題解決問題

如果不能冷靜思考，小心用權用謀，一旦走了極端，反而會遭受小人勢力集結反撲，豈不得不償失。

凡事給人留餘地，其實也是在爲自己舖路，行事千萬不能只見樹不見林，過於極端的處事方法，往往反而會爲自己惹來不必要的麻煩。

看問題要有洞見，處理問題更要洞察機先，把目光放遠才不會用問題解決問題。南宋高宗的丞相趙鼎，就是一位能放遠目光的臣士。

一向嫉惡如仇的趙鼎，處理事情卻不慌亂、不躁進，有勇有謀，思慮極爲周全，可說是個深諳靈活處世要訣的高手。

有一年，山東知府劉豫意圖反叛，四處張榜自稱皇帝，結果朝廷中竟也有人遙相呼應，一時間謠言紛傳，搞得人心惶惶，天下不得太平。這個內應便是宦官馮益，這件事情由泗州知府劉綱上奏高宗，要求即刻處理，否則將會有損國體和皇帝的名聲，造成不良影響。

當下，有許多人建議高宗殺掉馮益，以儆效尤。

趙鼎卻另行獻計，建議採用較爲和緩的方式，說道：「不如暫時將馮益降職，調派到外地，以消除衆人的疑惑。」

一時之間朝臣議論紛紛，彼此沒有共識，最後宋高宗採納了趙鼎的建議，下令將馮益放逐到浙東任職。

下朝之後，另一位丞相張浚，也是主張殺掉馮益的人，立刻生氣地追著趙鼎，質問他爲什麼要「縱虎歸山」。

趙鼎連忙安撫張浚的怒氣，等對方好不容易平撫下來，才解釋道：「從古到今，處置奸佞之人一定要謹慎而行，要有一定的方略，不可操之過急。如果太過急切，處理得不好，反而會讓同黨勾結在一起，形成一股勢力，從而招致大禍。若是能夠先緩上一緩，讓他們自己產生矛盾，反而可以不攻自破。」

張浚雖然順了氣，但是臉色還沒平復，沒好氣地問：「那又怎麼樣？這下子馮益一點事也沒有，誰不都想造反了？」

趙鼎搖了搖頭說：「現在馮益雖然犯罪，但還稱不上什麼大災害，如果一下子殺了他，天下人未必就會拍手稱快，反而會打草驚蛇，讓那些宦官人人自危，說不定會串連起來爲馮益開罪。」

「懲罰要罰得恰到好處，不殺馮益而將他放離京師，既暫時隔離了這個危機，又達到了懲戒的目的，保住皇上的聖名，且可好好部署下一步的行動。如此，豈不是一舉多得？」

趙鼎又進一步說：「想那馮益，原本以爲自己會被殺，如今卻只有留官外任，想必會心存僥倖之心，盼望有朝一日能再回京師。這麼一來，他現在的那些同黨就會轉變成爲未來反對他的勢力，以後處理起來，就會容易多了。」

張浚聽完趙鼎的說明，這才恍然大悟，暗自佩服他想得深遠。果然後來馮益的影響力漸瓦解，而劉豫也毫無作爲。

由於趙鼎能夠妥善思慮，小心處理危機，成功避開了懲治奸人所可能引起的副作用。既達成目的，又不製造問題。所以，無論處理任何事情，都不要走上極端，即使小人落在自己手裡，也不要一味地斬盡殺絕。

要知道，世上的小人正如白居易所說得離離原上草，殺之不盡，燒之不絕，如果不能冷靜思考，小心用權用謀，一旦走了極端，反而會遭受小人勢力集結反撲，到時豈不得不償失。

遇人挑釁，以其人之道還治其身

面對惡意挑釁的人，也不用小心眼、小肚腸地和他們一般見識，只要把他們的問題再丟回他們身上去，以其人之道還治其身。

生活上難免會碰到一些不識趣的人，不是存心找碴，就是不長大腦，連對方已經被惹毛了還不知道。遇到有人找麻煩，雖然心煩，但是如果沉不住氣和對方嗆上了，爭得臉紅脖子粗、吵得不可開交，其實並不能得到什麼好處，只是徒增自己更多的不愉快罷了。

所以，碰到像這樣的人，最好的方法，就是以其人之道還治其身。把問題和粗魯的言行丟還給對方，讓對方自己去感受，讓對方自己去想辦法。

不懂得以禮待人的人，也必然得不到別人的尊重。生活上的一言一行都應該要注意，要想得到別人的重視和喜愛，就得先審視自己是如何對待別人。

出身貧寒的世界知名大作家安徒生，即使後來成名了，也還是維持儉樸的生活習慣，不喜歡奢侈浪費。

有一天，他戴著破舊的帽子走在街上，一個路人見了竟然大聲嘲笑：「笑死人了，瞧瞧你頭上頂著個什麼東西？那也能算是帽子嗎？」

只見安徒生不慌不忙地應了一句：「就不知你帽子底下的又是個什麼東西？那能算是顆腦袋嗎？」

無獨有偶的，俄羅斯知名的兒童文學作家葛達爾，也遇到了同樣的遭遇。

那一天，他提了行李箱準備出門旅行，鄰居忍不住上前問他：「像你這樣大名鼎鼎的作家，爲什麼會提這種看起來邋邋遢遢、破破爛爛的行李箱出門呢？」

葛達爾倒是沒有動怒，簡單地回答說：「這有什麼好奇怪？如果我的皮箱大名鼎鼎，而我卻邋邋遢遢，那才糟糕呢！」說完，微微舉了舉帽沿算是致意，就不再理會鄰居，提著皮箱離開了。

外表和裝扮雖然能夠爲自己的形象加分，但是只注重表象卻不重視內涵，更會讓自己變成金玉其外的草包。有些人只看外表，看不起衣著簡樸的人，嫌人窮酸，卻沒發現自己的苛薄臉容反被人看不起。

事實上，外表的裝扮不過是包裹住我們身體的外殼和面具，並不屬於肉體的任何一個部分，當然更和心靈內在沒有什麼關係。

所以，一個在心靈上、頭腦裡眞正富有的人，不會爲了自己的外表而感到困擾，也不會任意以外在條件去評斷他人。

只有誠懇的態度和能夠站在對方立場設想的寬大胸懷，才能夠敲開彼此之間溝通的大門，讓雙方接受，得到認同。面對惡意挑釁的人，也不用小心眼、小肚腸地和他們一般見識，只要把他們的問題再丟回他們身上去，以其人之道還治其身，讓對方醜態自露，更能夠突顯自己的泱泱大度。

軟釘子總有硬錘子對付

只要看準了要害，表現出比對方更強的意志力，先將軟釘子的棉花燒掉，再以硬錘來對付釘子，難題自然迎刃而解。

有些人很難纏，不會正面和你發生衝突，可就是推拉不動，對於領導者來說，遇到這種人實在是棘手至極。處理不好，不但多樹立一個敵人，還會讓人覺得自己仗勢欺人，損害形象。如果不能大刀闊斧地快刀斬亂麻，最後就會被這些人吃得死死的，什麼事也做不成。

很多人都已經知道硬碰硬、正面衝突不見得對自己有好處，於是開始以軟抗硬，四兩撥千斤，給對方軟釘子碰。可惡一點的，則大行陽奉陰違的伎倆，無論你怎樣著急，怎樣發火，他都不會著急，不會與你翻臉，更不會與你打架，可就是不合作，存心要讓你開天窗。

遇上這種人，你非但急不得，氣不得，惱不得，悔不得，還得想出個好辦法，才能與他打交道。

軟釘子看似軟綿綿毫無著力點，但是只要是人一定有弱點，只要看準了要害也能見縫插針，趁勢出擊。屆時，管他軟釘子還是硬釘子，全都不是問題。

所以，身爲領導者，一定不可心軟手軟，最重要的是要表現出比對方更強的意志力，當一把無堅不摧的「硬錘子」。

有一家名爲華宇企業的服裝公司，專營服裝生產。一家貿易公司見華宇的商品品質良好、賣相極佳，便主動要求與華宇企業簽約，爲其品牌代銷。由於這家貿易公司表示他們的資金運轉出了點狀況，所以要求在出貨之後再給付款項。雖然合約條件有點不利，但是華宇企業爲了打開當地市場，最後也只好答應。

結果，過了一年，當華宇企業派遣帳務人員到貿易公司要求收帳的時候，卻硬生生地碰了軟釘子。

貿易公司的總經理親自出來接待這位帳務人員，態度和善禮貌、笑容可掬，一路東拉西扯窮聊天，就是想要轉以帳務人員的注意力。

但是這名帳務人員倒沒忘記自己的職責，決定開門見山，表示今天就是要來催收已經積欠一年的貨款。

只見總經理立刻開始皺眉擠眼，一副爲難的模樣，最後才吞吞吐吐地說：「之前簽約的時候也跟你們提過，我們公司的生意眞的不是很好，本來也想及時交款的，可是……可是……唉！一言難盡啊。不如你看看可不可以稍緩幾天，讓我們再想想別的辦法……」

貿易公司總經理還沒吐完苦水，帳務人員心裡已經明白了十成十，這家公司擺明了就是要拖帳。於是，他表面上和對方虛與委蛇，表示要向公司請示，立刻打了一通電話回公司，向華宇企業的總裁報告。

華宇總裁很快聽出帳務人員的話中之意，當下命人要求倉庫立刻調查對方的銷售和出退貨的狀況，同時，也透過認識的市調公司了解那家貿易公司的營運狀況。

結果發現，這家貿易公司不但因爲銷售華宇的產品大賺了一票，還連帶推銷出不少

周邊產品，得到相當可觀的收益。

資料一到手，華宇總裁立刻要求帳務人員將電話轉到貿易公司總經理手上。

那位經理一接到電話，就聽到：「您好，經過市場調查，發現貴公司經營效益極佳，生意好得不得了，所以希望您能夠依合約按時付款，不要讓我們難做。否則，本公司只好訴請法院裁決。」

一聽對方想走法律途徑，貿易公司的總經理氣焰一時全沒了，不但打消賴帳的念頭，還立刻命人帶領帳務人員到出納部簽領款項。

華宇企業能夠成功收回這筆帳款，全憑著他們掌握了足夠的訊息和資料，以強勢的姿態，讓對方無所遁形，軟釘子無處施展。

所謂「軟釘子」，無非就是將釘子用棉花包起來，讓人在不明就裡的情況下碰釘子。所以，要解決軟釘子，就先將棉花燒掉，再以意志堅強的硬錘來對付釘子，難題自然迎刃而解。

識人不明，小心賠了夫人又折兵

貪婪是人性，好利也是人性，如果不能辨明這些人性，無疑是讓自己時時處於危機之中，萬一遭受背後冷箭攻擊，小心賠了夫人又折兵。

要做大事的人，特別要有一雙精明的眼睛，要能看清楚局勢，要能看清楚時機，最重要的還是要能看出好的人才。

識人不明的危險，清朝光緒皇帝恐怕比誰都還要來得清楚，在維新變法的過程，他就是太過於信賴袁世凱，到最後發現袁世凱倒戈背叛之時，一切已經來不及了，變法新政全都因此一敗塗地。

由於慈禧太后專擅朝政，漸懂事理的光緒皇帝決定要想辦法奪回政權，讓自己成爲一個名副其實的皇帝，而不是一具空著皇袍的傀儡。在康有爲獻策之下，光緒皇帝下詔變法，決心徹底革除老舊勢力。同一時間，慈禧太后所掌控的一派人士也開始預謀政變。

以光緒爲首的革新派和以慈禧爲首的守舊派，各自開始積極吸納勢力，並彼此激烈角逐。等到新法一公佈，條條朝著守舊派而來，而一些原本騎牆的人士因爲發現新法將會剝奪到自己的利益，也紛紛轉投守舊派的麾下。就這樣，支持慈禧的人越來越多，反觀光緒身邊的人則越來越少。

這時候，爲防握有軍權的守舊派勢力造反，康有爲等人於是密會握有部分兵權的袁世凱，探詢他的政治傾向。

袁世凱拍胸脯保證自己一定站在光緒這邊，康有爲和譚嗣同聽了信以爲眞，一起向光緒全力保薦，而且認爲革新派和守舊派勢均力敵，萬一眞的發生政變，也不一定誰贏誰輸。

於是，光緒密詔袁世凱入京，打算先發制人。

萬萬想不到，當袁世凱回到天津的時候，竟然將光緒的計劃向慈禧太后的心腹

榮祿告密，結果慈禧太后反而先下一著，將光緒軟禁在瀛台，嚴懲康有爲、處決譚嗣同，革新派主力一一瓦解，新法變革胎死腹中，維新不過百日即宣告結束。

就這樣，光緒皇帝的一生毀在了袁世凱這個小人身上。

光緒皇帝最大的失敗，就是不能辨清袁世凱到底是一個什麼樣的人，在還沒有完全了解袁世凱的忠誠度之前，就輕易地交出信任，等於把自己交到對方手上。沒想到袁世凱是個重利益勝過重道德的人，想權勢勝過想義理的人，不在乎陣前倒戈所留下的惡名，只知道識時務者爲俊傑，只要自己能夠得利就好。

換句話說，袁世凱比起光緒更有一雙好眼睛，看得出什麼樣的局勢對自己有利，懂得爲自己找到最有利的出路。

貪婪是人性，好利也是人性，如果不能辨明這些人性，無疑是讓自己時時處於危機之中。要是還以爲自己無後顧之憂，一路前衝時萬一遭受背後冷箭攻擊，小心賠了夫人又折兵，一切可就悔不當初了。

除去一個惡人，就是做一件好事

挖「小人」的牆角，不僅可以使自己在競爭中掌握住主動的優勢，更可以為其他人掃清障礙，使正直的人能有更多的出頭機會。

雖然說萬事以和爲貴，凡事別太和人計較，但是對方若眞是欺壓上了門，可也不能呆呆站著任人欺負、任人打。必要的時候，該站起身來勇敢反擊。

小人就像蟑螂一樣的害蟲，既討人厭又會帶來危害，最厲害的是生命力驚人，如果不及早解決，最後一定會造成更大的麻煩。

對付君子和對付小人，方法截然不同。對付君子，你大可點到爲止，有時候替對方留一些情面，反而會得到更好的效果。對付小人的時候，可就不能這麼輕易善了，要知道，除去一個惡人，等於是做了一件好事。

古代周處除三害的故事即是很好的例證，一個人要使壞，那麼造成的災害可比天災還來得厲害，如果不能除去這些「惡」，最後必蒙其「害」。所以，爲善除惡的任務，首先就是要根除「小人」，將危惡的可能性降到最低。

對付像害蟲一樣的「小人」，其實沒有什麼好客氣的，因爲對「小人」再好，他也不會感激你。一旦對他沒好處，他就會一腳把你踢開，有時甚至還會順手在背後放你一記「冷槍」。

對這樣的人，如果能夠徹底擊垮，使他囂張的氣焰受到打擊，減少危害性，豈不是功德一件？假使足夠沒有實力一舉擊敗他，那至少也要挖他的牆角，讓「小人」集團自體崩解。

挖「小人」的牆角，不僅可以使自己在競爭中掌握住主動的優勢，更可以爲其他人掃清障礙，使正直的人能有更多的出頭機會。

此外，挖「小人」的牆腳，還有利於整個組織運作。將一些貪贓枉法的傢伙揪出來，就好像清除了體內的毒液，如此組織才能健康地發展下去。

但是，既然對方是「小人」，就表示對方必會爲了保全自己的利益不擇手段，那麼要如何成挖「小人」牆腳，又讓自己明哲保身呢？

以下提供幾個重點：

・務必小心謹慎

「小人」表面看來可能很「和善」，但這只是表面，他的內心實際上心胸狹窄，時時事事爲自己個人考慮，什麼道德、品質、人格在他心目中根本不算什麼。面對這樣的人，最需防範他們笑裡藏刀。

尤其是手握一定權力的「小人」，處理過程一定要愼之又愼，因爲這些人往往心狠手辣，爲爭權奪利無所不用其極，對於和自己作對的人，必「除之而後快」。所以，爲了防範他們反撲，最好不暴露自己，躲在暗處操作。

・詳細收集事證

想要指派對方的不是，一定要有充足的準備，一旦罪證確鑿，任憑對方再有三寸不爛之舌，也勢必啞口無言。所以，可以在平時將就把種種相關的事證資料收集起來，一旦時機充分，就將事證檢舉出來，揭發他們的不法行爲。

• 備妥靠山和後路

必要的時候，可以儘量凝聚自己力量，一方面牽制對方，一方面也可以爲對方帶來壓力。有時候，也可以利用群衆的力量，對他們造成一定的威懾。有了足夠的靠山，也別忘記幫自己安排退路，一旦事情進行不順，至少要能安然退出。

透過以上這些方式，站穩腳步，進可攻退可守，既可達到挖「小人」牆角的目的，又可保全自己。

其中最好也是最有效的方法，就是讓小人集團自亂陣腳，透過小人間的相互矛盾，引使他們自相攻擊，如此便能隔山觀虎，坐享最後的成果。

別給「馬屁」拍上天

當你聽信了諂媚之言，等於是接受了一篇毫無用處的假話，同時犧牲了自己某部分原本並不想給出的利益。

據說，某個人在長官面前提到，自己的師長曾經告訴過他一個無往不利的絕招，就是「九十九頂高帽」。

長官聽了不禁感到好奇，什麼是「九十九頂高帽」？那人解釋說，就是幫人戴高帽，大獻殷勤，高帽子戴得好、戴得巧，效果截然不同。

這番話說明了，儘管人人都說不愛被拍馬屁，但是很多時候，當馬屁上門，卻不見得能夠抵擋得了。

讚美和諂媚最大的不同就在於誠意上的差別，諂媚的人所說的好話並非發自真心，而是爲求某種目的而來。說假話是爲有所求，而且這個要求必須使手段才能得到，而不是給予者原本就想給予，因爲如果是他本來就該得且可得的東西，也就不用特意說違心之論了。

當你聽信了馬屁精的諂媚之言，除了一時的得意之外，等於是接受了一篇毫無用處的假話，同時犧牲了自己某部分原本並不想給出的利益，這樣的代價顯然根本就不合算。

所以，要怎麼樣才能不被「馬屁」拍上天、牽著走呢？

首先一定要能分辨得出什麼是眞心的讚美、什麼是虛情的諂媚。

像前面故事中的長官，自己爲不受獻媚卻還是被戴上了高帽，就是因爲他聽不出什麼是諂媚的話。

一般來說，有幾種常見、有效的諂媚方式：

•應付型

所謂應付型的獻媚方式，就是順著你的思路走，說出你想聽的話，不至露骨也不會太過分，因此最常爲人所接受。

像前面故事中的那個人，就是使用了應付型的獻媚法。

・阿諛型

此種類型的獻媚方式層次稍微低了一點，也就是刻意「說好話」討好人。這種做法只要不要太過肉麻，一般人也尚可接受。

・反證型

透過貶低某一方來哄抬另一方的獻媚方法，稱之爲「反證型」獻媚。只要被貶低的一方和被獻媚的一方之間有所對立，這種做法使用起來特別靈驗。

若是想要不輕易被馬屁騙昏了頭，方法也是有的，首先要學習多聽反面意見。順從自己意見的話，雖然表示了一種認同，但是聽多了對自己並沒有好處，也

得不到任何價值，因爲，這些話說來說去都是自己所想的事，不會有所刺激，也無法獲得創新或改善。

至於好聽話，偶而聽聽無妨，可一旦發現自己耳邊只剩下好聽話時，就要提高警惕，防範有人有所意圖。一個領導者如果只聽好話，就無法發現下屬的問題，也無法及時解決問題，如此將會造成重大危機。

此外，會在你面前說別人壞話的人，特別要小心防範，因爲這樣的人往往在你面前說做一套，在人後可能又是另一番嘴臉，更可能是專擅挑撥離間，從中獲取好處的小人。

這樣的人不只該謹慎面對，更不要落入他們的陷阱之中。

別忽視流言蜚語的危害

哪怕是一點點毫不相干的風吹草動，都可以被渲染、歪曲，就算是無憑無據的傳言閒語，也可能會像滾雪球一樣帶來意想不到的災害。

縱觀人類歷史中，許多悲劇就是在流言蜚語的作用下所產生。

言語的力量，影響何其深遠，有人說「君子不畏虎，獨畏讒夫之口」；有人說「衆口鑠金，積毀銷骨」；有人說「讒言三至，慈母不親」；這些話無一不強調出流言蜚語的殺傷力。

一旦被流言顛倒黑白，即使連老虎都不怕的君子，也得無奈低頭；面對無數人的指責，再如何強硬的意志也會爲之消磨；謠言說了又說，到最後連最親近的母子都開始產生了懷疑。

魏晉南北朝時代，就曾經有過一個姐妹鬥爭、利用流言把皇后拉下台的例子。

北魏孝文帝在位時，非常寵愛一對姐妹，姐姐名叫馮媛，妹妹名叫馮潤，兩人都是容貌過人的美女。孝文帝還曾經特別賜字給兩人，說妹妹馮潤「媚而不佻，靜而不滯」；而姐姐馮媛「風韻自嬈，妖媚艷麗」。

原本姐妹倆一同侍奉皇帝，過著很幸福的生活。後來馮媛舊病復發，被遣送回家養病。等到她好不容易回宮之後，才知道妹妹馮潤已經被封爲皇后，自己只能得到左昭儀的位置，心中頗有不甘。

爲了奪得權勢與地位，馮媛開始用盡心機。首先，她將自己打扮得艷如芙蓉，然後將麝香揉成微粒，納入肚臍之中，隱而不見卻通體奇香，果然令孝文帝印象深刻，從此倍加寵愛。

身居昭儀之位的馮媛，便依侍著皇帝的寵愛，經常在枕畔床邊有意無意地說妹妹皇后馮潤的壞話，目的就想讓皇帝對皇后產生反感。

當時孝文帝力行漢化政策，禁止穿胡服、說胡語，但是皇后對於漢人的穿著打扮、言行舉止非常不習慣，因此，拒說漢語，也不願改穿南服。關於皇后的固執，孝文帝多少有點不悅，但是因爲疼愛皇后，也沒有多加堅持。

馮媛便利用這個機會，刻意捕風捉影，更加批判皇后的不是，把皇后的種種舉止都曲解成對皇上不敬，爲反對而反對。孝文帝聽久了，竟也越來越相信馮昭儀的讒言了。

一次，孝文帝又從馮昭儀口中聽見皇后批評自己的通婚政策，一怒之下就把皇后找來狠狠斥責一頓。皇后知道是受了姐姐的暗虧，便也端著架勢訓斥了馮媛一陣，兩人的爭鬥因而白熱化。

在一場宮廷宴會中，本來由昭儀和其他嬪妃一同侍飲，後來孝文帝喝得高興，便要人去請皇后前來同歡。馮皇后一聽昭儀在場，當下拒絕，不願出席；可是皇上一再命人來請，皇后只得更衣赴宴。到了會場，看見馮昭儀依偎在皇帝身邊，氣得馬上破口大罵：「我才不要和騷狐狸同坐。」

馮媛知道妹妹暗諷自己，便也毫不退讓地回敬，兩人你一句、我一句，吵得不可開交。孝文帝聽了心煩，便唸了皇后幾句，這下可更激發了皇后的怒火，連皇帝都不放過，怒斥他被女色迷昏頭，之後扭頭就走。

現場尷尬至極，皇帝掛不住面子，馮昭儀又伺機在耳邊嚼舌根，孝文帝怒極氣極，第二天就將皇后貶爲庶人，送到瑤光寺出家。

馮媛一步一步爲自己奪得皇后之位，但好景不長，後來孝文帝出戰病歿，死前賜令皇后自盡殉葬，心機用盡的馮媛，最後也難逃被迫飲下毒酒而死的命運。

善於「捕風捉影」的人，哪怕是一點點毫不相干的風吹草動，都可以渲染、歪曲成不得了的大事，進而成爲誣陷他人的事證。就算是無憑無據的傳言閒語，也可能會像滾雪球一樣帶來意想不到的災害，更何況是有心人惡意挑撥？

可惜，雖然人人都知道謠言可能帶來如此大的傷害，但是我們的生活卻無法全然根除謠言的存在。

只要有人，就有流言，就有八卦，儘管流言中的主角總是深受其害、深感其苦，但是，一旦主角換人做，可能還是會不自覺得把另一段流言傳遞出去。

6.
PART

做事窩心，自然得人歡心

「馬屁」的拍與被拍，
是人性上的一種需要，
做任何事都比別人周全，
進而讓人感到「窩心」的人，
行事周全往往就是成功的關鍵。

要拍馬屁，就要拍得徹底

厚著臉皮迎合上司的喜好，隨侍在他的身旁，就是最好的奉承之道。即便被拒絕一、二次，也不要洩氣，加足馬力重新進攻！

英國諷刺作家湯瑪斯．富勒曾經在文集中說過：「在人性叢林中，最被人喜歡的『貨幣』就是阿諛奉承。」

馬屁確實是人類慣用的交易貨幣，因此，必須正面而積極地面對，千萬不要對拍馬屁的行爲投之以鄙夷的目光。殊不知，在各種競逐的場合中，爲了達到快速升遷的目的，誰不曾拍過上司馬屁？

熟悉上司的興趣、嗜好，掌握家庭背景等周邊情報，並且適時地加以運用，是

身爲部屬贏得上司歡心的一項必備能力。

如果上司是棒球迷，那麼邀他去觀賞棒球賽，是拉攏他的最快方式；上司若是位重視情調的人，可以在下班後邀他去看夜景，相信必能使他心靈滿足；要是有機會陪上司到餐館宴飲時，別忘了先點對方喜愛的菜餚與酒，這些細節雖然算不上奉承，卻也絕對不能輕忽。

對於能把自己伺候得服服貼貼的人，任何人都會產生好感，所以，要膽大心細地以上司的言行舉止爲優先考量。

一陣酒酣耳熱之後，應該藉機套出上司的脾胃喜好，探聽有用的情報。

在下班後的聚會中，盡可能避談工作上的事情，但若上司自己打開話匣子，就要好好扮演最忠實的聽眾。

在上司面前，別讓自己成爲悶聲不響的跟屁蟲，聚會上的熱鬧氣氛，應該由下屬來製造與帶動。對於上司的自吹自擂或枯燥演說，即使是老掉牙的內容，也要表現出熱衷參與的態度。適時點頭讚許、故意討好地發問，製造一唱一合的氣氛，可以讓上司對你產生「自己人」的感覺。

要讓上司器重，除了順從對方的喜好外，偶爾也可以懇求上司指導幾招，這種「以上司爲師」的態度，也是一種很好的拍馬屁方法。

假如是邀上司共同觀看球賽，那麼至少會有兩個鐘頭左右的時間與上司共處，此時就可以好好地找時機自我推銷了。看球賽之前，一切瑣事必須安排周到。機會難再，一旦送上門來，絕對要好好的把握。

不管是話劇、各類戲曲或古典音樂會，只要是上司感興趣，就算沒空也得抽出時間，就算捨命也要陪君子。

想要拍馬屁，就要拍得徹底，厚著臉皮迎合上司的喜好，隨侍在他的身旁，就是最好的奉承之道。

就算曲意奉承的心思被拆穿，也要表現得若無其事，強調這是自己分內該做的事；即便被拒絕一、二次，也不要因此就洩氣，反而該再接再厲，加足馬力重新進攻！

向上司獻殷勤，自然能得到寵信

只要配合時間、地點，持之以恆地去實行「無財七施」，人緣一定倍增，他人對你的印象一定更好。

佛家強調紅塵就是道場，我們每天所做的每件事都是一種修行；想要拍人馬屁，也要有相同的認知。

假如你服務的公司，是所謂的「分公司」或「承包公司」，那麼總公司的部門主管或高級幹部，就是你要注意的對象。

如果你是某企業集團底下的小職員，千萬不要忘了對集團的主腦人物多加奉承。送禮絕對不可少，但禮物也不需要太高貴，只要不粗俗即可。

向總公司或相關企業的負責主管獻殷勤時，禮物價值最好能高出一般標準，而且一定要親自送到對方府上，並留下名片，附上幾句留言表示慎重。

獻殷勤的時候，禮物的包裝要體面大方，同時要注意包裝紙上不要出現「某某百貨公司」的字樣。有質感與特色的包裝，不但能提高禮物本身的價值，同時也給人更好的印象，這是相當優雅的拍馬屁招數。

有些日本人更厲害，每年一遇新茶上市，就立刻從產地直接寄送給上司。這種送禮方式雖然花費頗高，但遠比一般禮品更加令人印象深刻。在送禮上多花一點心思，對升遷之路只有好處沒有壞處，這種投資報酬率值得嘗試。

除了具體的禮物之外，在日常生活中還可以多注意一些禮節。這些小細節雖然不起眼，但用處可真不小，可以獲得上司寵信。

佛教《雜寶藏經》中有所謂的「無財七施」，可以借用來當作禮儀的準則。所謂無財，是指不用花費金錢的意思；「施」則是指提供或送禮。不論是對自己的長官、客戶或同事實行「無財七施」，都會非常適合。

以下是「無財七施」的內容：

舍身施：打從心底對人表示親切，幫助別人。

心慮施：將別人的哀痛、喜悅視爲自己的親身感受，多體貼別人。

和顏施：用微笑與人相處。

慈眼施：用柔和的眼光注視別人。

愛語施：用眞心、誠懇的言詞與人交談。

房舍施：給人地利上的方便。

床座施：就像讓坐一樣，要有禮讓的氣度。

「無財七施」不僅可以視爲一種禮儀規範，更適合當作拍馬屁守則來看。剛開始實行這七種「施予」時，也許會覺得有些彆扭，但是慢慢地，就能將這些觀念融入自己的言行舉止中。

只要配合時間、地點，持之以恆地去實行這「七施」，你的人緣一定倍增，上司對你的印象一定更好，也自然能輕鬆地步步高陞，從此一帆風順了。

勇於承擔責任，才能獲得歡心

唯有勇於承擔責任，才能獲得上司歡心，樂於接受上司「教訓」的部屬，才會是能平步青雲、步步高陞的人。

每種動物都有自己的生存法則和應變模式，例如烏龜的動作緩慢，因而遭受外力干擾或攻擊時，只能把頭腳縮進殼裡，不做任何反擊，等待危機解除。

當你的職位不高時，在上司面前，不妨把自己當作一隻逆來順受的烏龜，忍氣吞聲地接受責罵，才是處世的上上之策。

透過接受責罵的態度，也可以達到討好的效果。身爲部下，應該都要懂得這一點——儘量讓上司覺得自己被信賴和敬愛，最直接、簡單的方式，就是表現出很願

意聽他「教訓」的模樣。

設想一下，一個下屬若是不願接受責罵，甚至老是當場反駁上司，當升遷機會來臨時，好運會降臨在他頭上嗎？

答案必然是否定的。

事實上，從更積極的層面來說，「責罵」也含有忠告、指示和鼓勵的意味，因此，被責罵時應該心存感謝，低首傾聽，保持誠懇，謙遜、受教的態度。這樣一來，即使做錯事情，上司還是會覺得你可以原諒。

把工作面臨的失敗當作自己的責任，不怪罪其他人，也不推託強辯，同時能抱著捲土重來的決心，這樣的部下最能得到上司的賞識與信賴，也是最厲害的拍馬屁高手。

至於那些只會強詞奪理，不肯承認自己過失的部下，不論再怎麼能言善道，得到的評價都不會太高。

被上司斥責的時候，要坦然面對。與其做毫無用處的強辯，不如表現出虛心反省、樂意接受的模樣。如果上司的責罵中含有教誨，那麼就應該把被指責的事項逐一複誦，並盡可能陳述善後的對策或改進方法，懇求上司給予批評指教，事後並對上司的訓示表示感謝。

下屬能完全接受教訓，理解自己的「苦心」，積極謀求改善之法，同時還對教訓心存感謝，這對上司而言，是再高興不過的事了。因爲在這一瞬間，上司會深切地感受到自己的優越，並從指導別人的過程中產生成就和滿足。

相反的，如果部屬在面對教訓時，表現出一副很不耐煩的態度，或有一句沒一句地辯駁，不僅無法從挫折中成長，還會招惹上司的嫌惡，一點好處也沒有。應付上司的訓斥，最好的態度就是「完全接受」。

要記住，唯有勇於承擔責任，才能獲得上司歡心，樂於接受上司「教訓」的部屬，才會是能平步青雲、步步高陞的人。

愛逞強，只會讓自己全身是傷

想要在這個人浮於事的社會中生存，拍馬屁與認耐的功夫絕不可少。若是喜歡逞強，終究得傷痕累累地退出戰場。

一位人際關係大師在提及「職場攻略」時說，狼狗讓人懼怕，但往往會遭到人類攻擊；貓膽小怕事，卻能得到主人的喜愛。所以，剛到一處新環境，應學習當隻惹人憐愛的「小貓」，而非難以親近、令人厭惡的「狼狗」。

這位大師並且指出，日本某大公司在訓練新進員工時，會提供一套「新人五訓」，作爲一個職員在公司內打好人際關係的範本。這五訓分別爲：

第一、不管碰到誰，都要親切地打招呼。

第二、不管何時、何處，都要面露微笑。

第三、「是」、「好」，是最好的回答。

第四、在適合的氣氛下，不妨說一點笑話。

第五、對上司或前輩要恭敬。

當主管邀你去吃吃喝喝時，最好的應對方式是每五次去一次，一旦決定應邀出席，就千萬不能露出半點不得已的表情，相反的，還要積極表現自己，因爲這是徹底了解上司個性的最好機會，透過吃吃喝喝，更能輕易摸索出「眞面目」與「相處之道」。

此外，面對喜歡嘮叨的老職員，日本人際關係作家河野守宏也給新進職員一些建議：如果與這種人爲敵，後果可能不堪設想，最好的方式是徹底摸清對方的脾氣，拿捏出適當距離，不要讓他有機可乘。千萬別被他當成敵人，若是聽到他批評別人，也要避免隨聲附和。

河野守宏說，對付這種人要懂得應對進退的要領，最重要的就是多專心工作，

不要招惹是非，即使被欺侮，也要避免衝動魯莽地進行報復，就算裝模作樣也沒關係，儘量轉移注意力，多忍耐，才能享有長久安定的上班生活。

這些建議頗值得玩味，尤其是「就算裝模作樣也沒關係」這一條。行事本來就有假有真，只要能夠達到最好的效果，便有其價值。對於喜歡擺架子的前輩，偶爾讓他盡盡興，不也是一種很好的拍馬屁計策嗎？

不僅新進職員需多加參考這些建議，立志要在職場出人頭地的人也一樣。只要隨時保持尊重他人、謙遜自持的態度，不與人爭鋒頭，生活必然一帆風順。

總而言之，想要在這個人浮於事的社會中生存，找到安身之地，進而爭出一片天，拍馬屁與忍耐兩種功夫絕不可少。

做一隻溫馴乖巧的貓，終會遇上喜歡愛撫小貓的上司；若是喜歡逞強、不肯退縮，堅持要當隻人人懼怕的「狼狗」，終究得傷痕累累地退出戰場。

做事窩心，自然得人歡心

「馬屁」的拍與被拍，是人性上的一種需要，做任何事都比別人周全，進而讓人感到「窩心」的人，行事周全往往就是成功的關鍵。

日本歷史上赫赫有名的大人物豐臣秀吉，原先只是一個低下的武士，卻憑著用懷爐替織田信長溫鞋子的方式，逐漸嶄露頭角，說明了「窩心」就是成功的重要關鍵。

上司偶爾會不經意地吐露一些話，若是聽到了，千萬要牢記，並在恰當的機會中展現你對這些話的重視。遇到上司語氣中含有絃外之音時，更要懂得馬上應和。這些都是很討人歡喜卻又不留痕跡的「迎合」方式。

例如，要是上司不經意說：「聽說最近出了本雜誌，裡面刊載了各界名人演講的酬勞一覽表，有機會眞想看看。」這時，你就要抽空到書店，尋找上述的那本雜誌，買回來給上司看。雖然這些話可能和工作扯不上關係，甚至上司也不渴望有人替他完成，但既身爲下屬，就應該有隨時機動聽候差遣的心態，在可能範圍內滿足上司的要求。

認眞實現上司無意間的談話，用心處理別人容易忽略的地方，這樣的拍馬屁方式，絕對是最高明也最窩心的。譬如，有機會泡茶給上司喝，請不要忘了上司愛喝的是涼茶、溫茶或熱熱茶。

除了對上司的言談要用心，與第三者談話、交易時，也要隨時提高警覺，觀察其言外之意，第一時間做出反應。擁有伶俐、敏捷的部屬，是上司最感驕傲和值得炫耀的事，當然會在心中爲他留下一個「特別的位置」。

另外，要注意的是，「迎合」的對象並不只侷限於下屬對上司、晚輩對前輩，或推銷員對客戶之間而已。既然想平步青雲，關注的對象就要無所不及。

對於從公司退休的老前輩、老上司，也要記得時時去探訪、問候。在許多情況下，公司對於退休老主管的經驗與意見仍然相當器重，要是能博得這些人的歡心，可說百利而無一害。

想討退休前輩的歡心，就得設法與他們多接近，並贏得好感。要達到這個目的，最簡單的方法就是經常探視他們，同時在拜訪時多下點功夫，像是攜帶他們喜歡的東西做禮物，以虛心的態度向他們請教，對於他們的經驗談，要表現出樂意傾聽並奉為圭臬的態度，使他們有重享過去美好時光的感覺。

退休並不等於就失去發言權，這些人有時甚至具有超越表面的影響力，必須記住，退休的老前輩、老上司，可以是非常有力的靠山。

「馬屁」的拍與被拍，是人性上的一種需要，所以要想步步高陞，就要先滿足人們這種需要。懂得拍馬屁的人，就是做任何事都比別人周全，進而讓人感到「窩心」的人，行事周全往往就是成功的關鍵。

「孤芳自賞」會是最大的致命傷

「特立獨行」或「與眾不同」可能造成排擠效應，別因此失去與上司、同事之間的共通話題，而減少了拍馬屁的機會，白白喪失升遷的契機。

討人歡心涵蓋的範圍相當廣大，不僅僅侷限於工作場合和上班時間，如何在休假、節日中與上司的交往，也是不可忽視的一環。

有人認爲，在工作以外的時間，不必再花費那種心思；這話乍聽似乎相當有理，但若是如此，可能就要在不經意間吃大虧了。

也許，上司本來有意要拉你一把，但由於你一直未與他往來，他也只好將「關愛的眼光」轉投注到別人身上。

對工作之外的事當然不需專精，但得力求通達。若能對各領域都略有涉獵，能和每個人都交遊無阻，是最理想的境界。

透過休閒娛樂，甚至是麻將桌上或高爾夫球場裡的交流，上司和部屬間的感情會更加深，同時也是獲悉公司內部情報的最佳管道。

不願參與這些活動的人，不但不易得到重要的新情報，還容易被視爲局外人，被排擠在權力核心之外。

從這個角度來說，閒暇時間與上司和同事間的交遊往來，是非常重要的工作，更是每位希望爬上高位者，需要多費心思的事。

《猶太法典》中有幾句金玉良言，頗能清楚表達以上這個道理，值得想在工作場合快速晉升的人參考：

- 當別人都穿上衣服的時候，不要赤裸著身體。
- 當別人都赤裸著身體的時候，不要穿衣服。
- 當別人都坐著的時候，不要站著。

• 當別人都站著的時候，不要坐著。
• 當別人都在哭的時候，不要笑。
• 當別人都在笑的時候，不要哭。

在工作上拚命努力，並不表示工作完後，就是自由之身。多去看看別人在做些什麼事、從事些什麼活動，不要因爲自己沒興趣，就不去參與團體活動。「特立獨行」或「與衆不同」可能造成排擠效應，別因此失去與上司、同事之間的共通話題，而減少了拍馬屁的機會，白白喪失升遷的契機。

所以，即使是在例假日，也不要忘記，一定要參與同事間的活動，千萬別讓自己變得孤芳自賞、與衆不同。

拉近自己與上司的距離

要讓上司深刻感受到你和他站在同一邊，這樣一來，就能越接近權力核心，也越有高升的機會。

當主管的最痛恨部下不忠，同僚們最害怕的則是別人得寵。因此，要成爲一個成功的人，表面看來必定得忠心耿耿，並且能在私下與人和諧相處。

平常待人接物時，必定要注意是否能讓上司感受到自己的忠心，進而加以注意、提拔。受到上司關愛的同時，也不能忘記身邊的同事，要懂得廣結善緣、與人爲善，如此，方能擁有一帆風順的人生坦途。

想在職場早日出人頭地，僅靠個人努力往往不夠，小集團的結合是必然的發展，

也有其必要性，最直接有效的方法就是拉攏握有權柄的上司。

在公司內，遇到比自己職位高的人，不管他是不是直屬上司，一定要攀點關係、設法接近，譬如利用同鄉、同校或相同愛好等等名目，使對方覺得你跟他是志同道合的夥伴。

第一步的接近戰略成功後，接著就要加強彼此之間的交流，譬如以開同鄉會或介紹同鄉認識等爲藉口，彼此聚會促進交情。

若能摸清對方喜歡什麼，再從中下手，最能拉攏彼此的感情。

與上位者有了親近關係後，就要慢慢地向他推銷自己。

眞正懂得推銷自己的人，手段往往是含蓄的，會先故意推舉別人，讓上面的人覺得他很謙虛，或是很注重同事情誼，是個忠實且不可多得的下屬。在這種時候，採取以退爲進、聲東擊西的策略，往往比直來直往更能有出乎意料的好效果。

除此之外，工作上的呈報，也是拉近關係的好方法。因此請記住，工作上如有任何收穫，都要盡快向上司報告，千萬不可有「晚點再說」的錯誤想法。

越能接近權力核心的人，前景越被看好，但問題在於權力核心往往高不可攀，相形之下，拉關係、套交情的手段益發重要，即使抽同一種品牌的煙、穿同一廠牌的衣服，都有利用價值。

甚至還有更厲害的人能「無中生有」，平空找出自己與上位者的共通處。

另外，到客戶那裡談生意時，抽空撥個電話請上司向客戶寒暄或問候，這不僅是對客戶的禮貌，更在不知不覺間拍了上司一個馬屁。

每當談成一件有相當金額的生意之後，最好禮貌地邀請上司一同到該客戶處做「答謝拜訪」，如此做法不但能夠塑造出公司的良好形象，也是使自己與上司保持密切互動關係的方法。

拍馬屁的積極用意，就是要用各種手段拉近自己與上司之間的距離，讓上司深刻感受到你和他站在同一邊，就能越接近權力核心，也越有高升的機會。

「謝謝」是化解冷漠的最佳話語

「謝謝」這個語詞，是拉近彼此距離的最好方法。也唯有彼此靠近了，迎合、奉承的話語才能深入對方心中，真正發揮拍馬屁的效用。

想要拍別人馬屁，就要拍得自然坦蕩，並且表現得謙恭有禮。奉承別人的時候要態度誠懇，達成目的之後要心存感激。這樣，你所表現的馬屁行爲，自然會讓對方有一番截然不同的感受。

三國時代，劉備以臉皮奇厚無比聞名，爲了招攬天下賢才，不辭辛勞，三度拜訪諸葛亮。「三顧茅廬」的熱忱終於打動了對方，願意下山爲他效命，並且「鞠躬盡瘁，死而後已」。

當時，寄人籬下的劉備已經四十七歲，而孔明才二十七歲。自稱漢室之後的劉備能不因年齡差距，克盡禮儀、不恥下問，這才是最真誠的拍馬屁方法，也無怪乎自視甚高的孔明會大爲感動。

不管對方是年輕氣盛的主管，或是驕縱跋扈的董事長，想讓對方成爲自己的貴人，就不要在意年齡的差距，學一學劉備的低姿態吧！

如果你自命德高望重、學識豐富或經驗老到，不把別人放在眼裡，那麼將來的下場可想而知。年長的人無論處在什麼位置，若能像劉備一樣，對年少得志的人虛懷若谷、善盡禮儀，必能輕易打開對方的心扉。

《猶太法典》中有下面這段話：「當偉人能聽從年幼者的建議，長輩能傾聽晚輩的話語時，這個世界就值得祝福。」

這段話同時也是在職場打滾多年的中低階層主管必須謹記的拍馬守則。

沒有人會對言詞偏激、舉止傲慢、自以爲是的長輩抱有好感，年長者必須具有年輕人一般的好奇心，作風開明積極，才能博得衆人信賴。

有些人經常把「謝謝」掛在嘴邊，即使面對的只是舉手之勞，譬如點煙、遞報紙、喝湯時灑上一些胡椒，都不忘一一答謝，這種人當然受歡迎。

「謝謝」這個語詞，是馬屁語言中化解冷漠的最快捷徑。所以，不論身爲年長者、上司、客戶，或是晚輩、部屬，對任何人都不要吝惜「謝謝」這二個字，這是拉近彼此距離的最好方法。

也唯有彼此的心理距離靠近了，迎合、奉承的話語才能深入對方心中，眞正發揮拍馬屁的效用。

要記住，感謝的話不花半毛錢，多說幾句又何妨？

對待上司時，不論他是哪種人，千萬記得把「謝謝您」三個字掛在嘴邊，感謝越多，上司對你的評價也會越高。

7. PART

適時變化，才能飛黃騰達

適時變化自己的立場，才能飛黃騰達。
童貫、蔡京之流專拍皇帝馬屁，
果然因此撈到了極大的好處，
一門盡為顯貴，終身恩寵不衰。

不要忽略拍馬屁的效力

人都希望自己能被肯定、被讚美，但要實現這個希望，非得透過他人的口舌不可。讚美，其實就等同於廣義的馬屁。

如果想在這個世界活得如魚得水，就不能不學習些謀生技巧，其中最重要的就是拍人馬屁的厚黑妙計。

或許，一說起「拍馬屁」這個詞，許多人都會露出輕蔑的神色，但令人懷疑的是，這些人是否會計算過自己因不屑拍馬屁而吃了多少悶虧？

雖然任何人都可以自認清高，不屑低頭拍馬屁，卻不可能阻止別人在機會來臨時努力拍馬屁、拚命拍馬屁，並且從中拍出一大堆好處。

也許，你認爲拍馬屁的人與被拍的人都不是好人，也不是什麼有能力的人，但

就在你憤世嫉俗地破口大罵之際，他們已經得到了別人得不到的東西，而且步上一條通往升官發財的康莊大道。

再怎麼道貌岸然的人也會拍別人馬屁，但一提起這三個字又像看到過街老鼠般人人喊打，眞是相當詭異又矛盾。事實上，許多人往往一邊在口頭上表達深惡痛絕，一邊在私下進行得如火如荼。

權力容易製造出拍馬屁的情境，一般說來，誰有權力，大家就會努力逢迎誰。甚至有時候，在上位者也會拍下面的人馬屁，這不是什麼值得驚訝的稀奇事，位居高位的人會這麼做，是因爲他想把權力抓得更牢，讓自己更受部下愛戴。

除此之外，拍馬屁已經不只是單純爲了維繫人際關係，更和你未來想過的生活息息相關，也是能否成功的關鍵。

也許，你會覺得這種說法過分誇大，但是事實勝於雄辯，翻開歷史，我們可以經由許多事件印證拍馬屁的效力。

某家國際運輸公司的總裁說：「國際運輸業之間的競爭，激烈程度超乎想像。所以要在這行業生存，光有實力還不夠，最重要的是要懂得讚美別人，爭取大訂單。恰到好處的讚美，就是幫助自己成功的關鍵。」

另一家跨國電器公司的總經理也曾感慨地說：「過去我一直是能力至上的信奉者，並且為自己的技術深感自信，直到有一天我發現身邊的朋友越來越少，才終於驚覺，一個人的自尊如果受到傷害，他會在心裡盼望著你倒楣。從此，我開始學習尊重與讚美別人。」

不要忽略拍馬屁的效力，人都希望自己能被肯定、被讚美，但要實現這個希望，非得透過他人的口舌不可。

讚美，其實就等同於廣義的馬屁。

幫上司解決問題，就是最好的馬屁

聰明的馬屁精懂得察言觀色、把握機會，當上司遇到了難題，能適時為他解決，以贏得信任，前程自然是大好一片。

歷史上不少君主視國家大事、百姓生計如兒戲，能拖則拖、能躲則躲，甚至乾脆把政事全交給親信大臣，自己躲進溫柔鄉裡縱情淫樂。

遇到這種狀況，做臣子的本該予以君主當頭棒喝，勸主上好好治國，可是爲了自己的權益，他們通常不這麼做，反而充分利用君主貪色的毛病，不斷從四面八方物色各式各樣的女人送入君王懷抱，成了無恥的拉皮條角色。

結果君不君、臣不臣，搞得朝廷一派烏煙瘴氣。西漢成帝時期的大臣淳于長，就是這樣一個角色。

淳于長的父族沒有顯赫的家世，但母族卻非同尋常，姨娘是漢元帝的皇后、漢成帝時的太后——王政君；舅舅王鳳更是當朝權傾內外的大司馬大將軍，領尚書事的輔政大臣；其他五個舅舅也都封侯，號稱「五侯」，共同操縱朝政，不可一世。

淳于長知道必須利用自己勢力強大的母系家族，才能達到升官發財的理想。因此，大司馬大將軍王鳳病倒之後，淳于長便主動前往侍奉，送湯遞藥，畢恭畢敬，不敢有絲毫的懈怠。

王鳳死後，淳于長立刻得到了之前「孝順」的報償，官拜列校尉諸曹，不久又升爲衛尉，掌管皇宮的禁衛部隊。

淳于長沒有爲國家建立任何功勳，就爬上了這個位置，自然是得力於王鳳的推薦，不過他知道接下來便要靠自己往上爬，藉著適時爲皇帝「解決問題」，以贏得信任與更上一層樓的機會。

漢成帝是一個以荒淫好色著稱的君王，把政事全部交給外戚，自己則盡情遊玩享樂，廣開苑圃、大肆田獵，凡事大張旗鼓、講究排場。

此外，成帝還有一個變態的嗜好，就是喜歡觀看人獸搏鬥，因此時常派人去南山捕熊、狼、虎、豹等兇猛野獸，送至長揚宮射熊館，在此讓胡人與野獸搏鬥，自己則在一旁觀看取樂。

爲了滿足自己的物慾，他還「置私田於民間，蓄私奴車馬於北宮」。本來封建君主就可以隨心所欲地佔有天下財物，但成帝這樣私蓄，無非是想避開諫官耳目，免得受到束縛。

更誇張的是，他還會穿上百姓衣服，由富平侯張放引導，溜出皇宮遊玩，在市井民巷中逍遙作樂，隨意尋歡。

有一次，成帝一行又微服出遊，偶至陽阿公主家。宴席上有一歌女聲音婉轉、舞姿輕盈，令成帝不禁著了迷，馬上向陽阿公主討來帶回宮裡，這個歌女就是聞名古今的一代艷后趙飛燕。

趙飛燕之美無人不知、無人不曉，相處一陣子後，成帝進而想立她爲皇后，但太后王政君因趙飛燕出身卑微，堅決反對。成帝雖是一國之君，但在立后這個問題上也不敢一意孤行，於是整日鬱鬱不樂。

一直在旁察言觀色、等待時機的淳于長認爲可遇不可求的機會來了。皇上此時遇到難題，如果能夠爲他解決，必可獲得進一步的寵信。

淳于長當時負責宮廷警衛，專門往來於皇帝與太后之間傳遞信息，加上親戚關係，使他能夠在太后面前暢所欲言。當他探知太后之所以不同意立趙飛燕爲后，主因在於她出身微賤，就及時將這消息通報成帝。

成帝得知這一消息後，立刻先封趙飛燕的父親趙臨爲成陽侯，以提高出身，一個多月後，終於正式下詔改立趙飛燕爲皇后。

幾經周折，改立皇后之事終於成功，成帝自然非常高興。經過此一事件，淳于長不僅得到趙飛燕的感激，更重要的是取得了成帝的信任，從此不斷爲他加官晉爵。

像淳于長這樣聰明的馬屁精懂得察言觀色、把握機會，當上司遇到了難題，能適時地爲他解決，贏得信任，前程自然是一片大好。

上司的好惡就是自己的好惡

真正厲害的行事高手，能適應各式各樣的主子、上司，和完全不同的政治環境氣候，就如同變色龍一樣。

商鞅以變法聞名於史，可是這種做法並非他原來的主張。

當年他來到秦國時，秦孝公正雄心勃勃地想要重振祖先霸業，收復失去的國土。商鞅透過孝公寵臣景監的引見，拜謁了孝公。

一見面，商鞅就向孝公談論堯、舜如何與百姓同甘共苦，並身體力行，以自己的模範行動感化百姓，達到天下大治的「帝道」。

結果這些話說得秦孝公直打瞌睡，一句也沒聽進去，事後還責備景監說：「你那個客人只會說一些大話，不值一用。」

景監埋怨商鞅，商鞅回答說：「我向國君進獻了『帝道』，只是他無法領會。」

五天後，商鞅又去見秦孝公，將原來所談的那一套加以修正，可是仍舊無法符合孝公的心意。景監又一次受到孝公的指責，對商鞅的怨氣也更大了。

商鞅回答說：「我向國君推薦了夏、商、周三朝的治國之道，他還是無法接受，我希望國君再接見我一次。」

後來，商鞅又去見了孝公一次。

這一次兩人談得比較投機，但秦孝公也沒表示要任用他，只是對景監說：「你這個客人還可以。」

商鞅便對景監說：「這次，我和國君談春秋五霸以武力強國的道理，國君聽後已經產生了興趣。如果能再給我一次覲見的機會，保證國君會馬上任用我。」

結果，當商鞅第四次進言時，秦孝公聽得非常入迷，甚至一次又一次地將坐席向前移，希望聽得更清楚些。

事後，景監感到很奇怪，便問商鞅：「你到底說了些什麼打動國君？」

商鞅回答道：「我向國君進獻帝道、王道，國君說那些做法的效果太慢了，他

等不及。後來，我就改變做法，向國君進獻強國之術。」

在秦孝公的支持下，商鞅備受重用，大行變法，使秦國很快變得富強。

有趣的是，商鞅用以打動秦孝公的那一套強國之術，並不是他本人信奉的政治理念，事實上，他只是像一個走街串巷的賣貨郎，貨擔裡裝著各式各樣的貨色，看買主需要什麼，他就賣什麼，賣不出去的貨就收起來。由於他能迅速地改變自己，投上位者所好，所以很快就飛黃騰達。

商鞅的例子說明，眞正厲害的行事高手，能適應各式各樣的主子、上司，和完全不同的政治環境氣候，就如同變色龍一樣，會根據上司的口味，不斷改變自己的政治主張、傾向，因而總是春風得意。

適時變化，才能飛黃騰達

適時變化自己的立場，才能飛黃騰達。童貫、蔡京之流專拍皇帝馬屁，果然因此撈到了極大的好處，一門盡為顯貴，終身恩寵不衰。

在中國歷史上，靠著逢迎拍馬而飛黃騰達的例子相當多，像宋朝時，徽宗跟前的童貫、蔡京便是如此。

童貫是個很特殊的角色，雖是太監，卻一點也沒有太監的模樣。據說他身軀高大、聲如洪鐘，而且力大如牛，臉上居然還長了幾根鬍子。由於這些得天獨厚的條件，使他極容易討妃子、宮女的歡心，再加上生性豪爽，不惜以財物結識眾人，不計較小是小非，所以宮廷內上上下下都很喜歡他。

此外，童貫也善於察言觀色、拍馬逢迎。宋徽宗即位之後，他看準機會，終於一舉嶄露頭角，得以主持樞密院，掌握兵權達二十年，並與宰相蔡京互爲表裡、狼狽爲奸。當時，由於蔡京是男人，因而被稱爲公相；而童貫是閹人，人們便稱他爲「媼」（即「母」）相。

宋徽宗對藝術有相當濃厚的興趣，更擅長書畫，即位後就派遣童貫去蒐羅天下名畫，以供他觀賞摹仿。當時，書畫藝術最爲蓬勃發展的地區是東南沿海，尤其是江浙蘇杭一帶。於是，童貫就來到了杭州。

在杭州，童貫遇上了蔡京。蔡京是一個奸詐狡猾的投機分子，宋神宗時曾投靠變法派，後來司馬光當權罷除新法，身爲開封知府的蔡京又積極響應司馬光，迅速摒棄新法，由此獲得司馬光的賞識。詔聖年間，宋哲宗恢復新法，新黨上台得勢，蔡京即刻轉而再度積極支持新法。

這個行爲沒有定軌的政治「變色龍」，終於在宋徽宗剛即位時，被太后貶到杭州任知州。童貫此次來到杭州，便與蔡京聯絡上，兩人一見如故，十分投機，幾番深談後，童貫就打算藉機薦舉蔡京。

由於蔡京精書法、通繪畫，童貫就利用這個特長，在每次送給徽宗的書畫中，夾入一兩張蔡京的作品，並附上吹噓的奏章。徽宗見了蔡京的書畫本來就喜歡，再加上童貫的吹捧，又適逢朝內新、舊兩派鬥爭不休，便藉口調和兩派關係，罷免宰相韓彥忠，改任蔡京爲宰相。

蔡京重新進入權力核心後，更是在徽宗身旁推波助瀾。當他發現皇帝除了喜愛書畫藝術外，對奇花異石也有特殊愛好，便私下勾結蘇州富商朱面，在蘇州及江南大肆徵收，一旦發現哪一家有名貴石木，便以黃表紙加封，稱爲皇家御用之物，令主人小心照料，若有損壞便以大不敬之名治罪。到了取運之日，便拆人的牆、挖人的房，鬧得許多百姓無家可歸，民怨沸騰。

就這樣，他們每年把掠奪來的東西船載舟裝，沿著淮河、沛水直抵開封，所經州縣拆橋樑、毀城牆。如首都開封「萬歲山」上那座巨大的太湖石，就是從太湖水底撈出，用幾十條船連在一起運送到首都。

適時變化自己的立場，才能飛黃騰達。童貫、蔡京之流專拍皇帝馬屁，果然因此撈到了極大的好處，一門盡爲顯貴，終身恩寵不衰，至於那些被掠奪的財物，當然有十之八九都進到他們自己的口袋裡了。

投其所好，就能得到回報

由於秦始皇「好大喜功」，因而對趙高失去警覺。趙高也正是看準了這一點，所以處處投其所好，從而騙取始皇的信任。

以「指鹿爲馬」聞名的趙高出身卑微，他的父親因觸犯秦國刑律，被處以「宮刑」，成爲宮中奴隸，他的母親也因此受到株連，被迫進官府當奴婢。

按照當時的法律，奴隸的後代只能世代爲奴，而且，他們幾個兄弟也都被強制處以宮刑，在宮中服役。

趙高並不甘於永遠處於奴隸的地位，千方百計想要往上爬。但是，要怎麼做才能達到終極目的呢？他知道可以利用自己身處宮中這個有利條件，設法接近皇帝並取得秦始皇的信任。

趙高生性狡黠刁猾，善於窺知主人的心意。他發現秦國自商鞅變法以來，就一直是個「以法爲教」的國家，尤其是秦始皇非常推崇法家，並深信陰陽五行的「五德終始說」。

於是，他就「以法爲教」、「以吏爲師」，很快就精通秦朝繁瑣的律令，所有刑罰的細目都能倒背如流。

有時始皇披閱案牘，遇有刑律處分稍涉疑義，一經趙高在旁參決，無不合意。再加上他又寫得一手好字，而且儀表也不錯，因此得到始皇的青睞。

沒多久，始皇提拔他爲中車府令。

這是一個負責皇帝乘輿和印信、墨書的宦官頭銜，官階雖不大，但擔任者必定是皇帝的親信，常有接觸國家機密的機會。

初步目標雖然已經實現，但趙高並不滿足，因爲他有濃厚的危機意識，憂慮現在雖然得到皇帝的信任，但在秦始皇百年之後，又將何所依恃呢？於是，他開始思考皇位繼承的問題。

照常理，長子扶蘇寬仁忠厚、才德兼備，在朝臣中素有威信，當然是最有可能成爲繼承者的人選。

但扶蘇屢次上諫，請求寬仁待民，反對嚴刑峻法，常常激怒始皇。尤其在焚書坑儒時，他曾進諫道：「如今天下初定，黔首未安，這些儒生們誦法孔子、習知禮義，您卻用這樣的重法懲治他們，恐怕人心不服、天下不安。」

誰知，這番話激怒了剛愎自用的秦始皇，一氣之下，就把他派到北部邊境，當大將軍蒙恬的監軍。

在所有的兒子當中，秦始皇最寵愛的是年僅十多歲的小兒子胡亥。趙高察覺之後，就設法籠絡這位驕縱無知、缺乏主見的紈褲公子。憑藉著他見風轉舵、八面玲瓏、能說善道的本領，很快地贏得胡亥的歡心。

秦始皇見此情形也很高興，便下令讓趙高做胡亥的老師，教他書法、文字及獄律令法等知識。

胡亥本來就是個花花公子，又深受始皇寵愛，怎肯專心研究律法？所以，一切判決訟獄之事，一概委託趙高辦理。

趙高深知秦始皇性情「樂以刑殺爲威」，所以每當他在判決刑案時，總是嚴詞羅織罪狀、鑄成重罪，以迎合秦始皇心意。另外，他又同時奉承胡亥，讓他沈迷於逸樂，因此博得始皇父子的歡心，兩人都認為他是個忠臣。

由於秦始皇「好大喜功」，因而對趙高失去警覺。趙高也正是看準了這一點，所以處處投其所好，從而騙取始皇的信任。

挑戰當權者，無異以卵擊石

凡是深諳為官之道的人，都懂得避免挑戰握有權力者，否則吃虧的往往是自己，甚至禍延子孫。

古代官場上，家中如有一女子得以被選入後宮，進而成爲皇后或皇帝寵愛的人，那她的父兄子侄便立即顯貴起來，自然也成爲被人巴結的對象。

西漢成帝時期的權臣王鳳爲皇太后王政君的兄長，漢成帝的舅舅，任大將軍、大司馬領尚書事，集朝中軍政大權於一身。可是他還嫌不夠，想要進一步與皇帝結爲親家，但礙於己身無妹無女，便將自己小妾的妹妹，已出嫁的張美人送至後宮。

此事在朝臣中引起軒然大波，京兆尹王章認爲，已嫁之女不宜再配至尊至貴的皇帝，王鳳有欺君之罪，應當免職家居。

但是，太常丞谷永則認爲，皇帝設嬪妃無非是爲了繁衍子息，只要能生產、能延續皇家血統，無論美醜、貴賤、出嫁與否皆無不可。

其實，依中國的禮法，王章的話確實有道理，谷永的說法則擺明是爲了討好王鳳。不過，得罪了權臣，再有道理也沒用，不識時務的王章後來被冠上大不敬之罪，關入獄中，而谷永卻很快擢升爲光祿大夫。

當時在朝掌權的還有張禹，他原是漢成帝的老師，頗受皇帝敬重，封他爲安昌侯，與成帝的舅舅王鳳、王商先後同時主持朝政。

王氏兄弟倚仗太后王政君之勢，專擅朝政。張禹是一個貪祿戀位、患得患失之人，自覺難以與王氏兄弟爭鋒，便上書辭職。無奈成帝不答應，於是，他便實行「當官不主事」的辦法，專心致力於買田置地、廣增家產，以求自安。可是他最後還是因爲買了一塊好地，而與王氏兄弟之一的王根發生衝突。

這時，由於水旱之災頻繁，地震連年不斷，一些不滿王氏的大臣便借題發揮，說這是王氏專權所致。漢成帝對王氏兄弟的跋扈，也早已暗懷猜忌，便來徵詢張禹的意見。

如果此時張禹附和那些人臣的意見，挑動成帝的不滿情緒，絕對可以讓王氏處於不利的地位。不過，世故的張禹看出，成帝終究是個傀儡，再加上自己年事已高，子弟又都位低勢弱，若將來王氏兄弟挾怨報復，自己絕非對手，何不乾脆藉此機會化解矛盾、討好王氏呢？

於是，他便對成帝說道：「災異之事，人所難以理解，聖人也避而不談。這些新進後輩不過是信口開河，皇上不必採信。」

聽了這話，成帝也就不疑王氏了。

王根兄弟得知此事後，十分感激，與張禹的關係立刻由疏轉親。只憑著一席話，張禹不僅終身富貴，而且保障了後代子孫的官位。

官場向來是「一人得道，雞犬升天」，但相對的，一旦有人忤逆了掌權者，不但會飛來橫禍，恐怕親朋好友們全要跟著倒楣。凡是深諳爲官之道的人，都懂得避免挑戰握有權力者，否則吃虧的往往是自己，甚至禍延子孫。

要討上司歡心，先收買他家人的心

一樣是送禮，會不會送直接影響到效果。一個會送禮的人，除了要迎合對方的口味外，還必須充滿著自己的關心和敬意。

若是有機會到上司家中拜訪，對上司的家人一定要積極讚美，禮多人不怪，如能長期這樣做，前途必然一片大好。

到上司家拜訪做客時，對其家人要不斷讚美，無論言語應對或舉手投足，應比平常更有禮貌，隨時保持「高度警戒」。即便日後與上司的家人逐漸熟悉，成為座上常客，也不可以輕忽了應有的禮數和規矩。

「射人先射馬」，同樣的道理，要討上司歡心，首先就得收買他家人的心。

挑選禮物時，不妨以上司夫人的喜好爲第一考量。吃飯之時，對上司夫人親手做的菜餚，無論如何都要大大讚賞。對上司的小孩儘量保持親切，讓自己能和上司的孩子打成一片。此外，每回作客後，應該打通電話表示感謝之意。禮多人不怪，這種做法能讓上司感受到你的忠誠，加深對你的信任。

無形的禮數要顧，有形的禮物更不可少。逢年過節或出差洽公時，別忘記選份當地名產送給上司，並附上一張表達自己關心的小卡片，使收禮者感受到其中濃濃的誠意，從而留下良好印象。

一樣是送禮，會不會送直接影響到效果。會送禮的人，除了要迎合對方的口味外，還必須充滿著自己的關心和敬意。收到禮物的人不一定在乎物品的貴賤，心意比價格更重要。想要讓自己送出的禮物達到這種效果，最簡單的方法，就是附上一張簡單的小卡片。

請別小看那張小小的紙卡，效果可能超乎想像的大。一個會拍馬屁的人，凡事都比別人多做了一點點，而這一點點，正是得以升遷的關鍵。

要受人歡迎，從敦親睦鄰開始

你準備好要做一個「人見人愛」的人了嗎？別忘了，想得人愛，你得先去愛人，或許你也可以從接納你的鄰居開始。

日前有個新聞，左右兩戶人家因爲細故引起糾紛，結果兩家人爲了報復，彼此用盡了心思，發假訃聞、貼祭文、互丟垃圾煙蒂……等等，無所不用其極。

或許你會覺得他們無聊，看不慣就別往來，眼不見爲淨，再不然誰不爽誰搬走，一次徹底解決。可是，憤怒已經蒙蔽了他們的心，他們眼中看到的對方，是經過恨意的包裝，當然不可理喻，當然可惡至極。

但是，事實上眞的是如此嗎？如果他們能夠冷靜下來彼此針對問題溝通，事情恐怕就會有不同的結果了吧！

美國作家古地說：「如果你能從別人的角度多想想，你就不難找到妥善處理問題的方法，因為你和別人的思想溝通了，有了彼此理解的基礎。」

將心比心，我們或許就不會反應過度，而被憤怒蒙蔽了理智。

古人勸我們要「敦親睦鄰」不是沒有道理的。仔細想想，除了家人之外，最容易和我們接觸到的就是鄰居，既然彼此接觸的機會這麼頻繁，如果不能好好相處的話，豈不是讓自己的日子更難過？

當然，喜不喜歡一個人，很多時候是很憑直覺決定的事，第一印象不好，以後就很難改觀，對於不喜歡的人，要天天強顏歡笑，無疑是一件很辛苦的事。

既然如此，那下次搬家的時候，可就得先把鄰居這個要素給考慮進去了。

魏晉南北朝時代有過一個「千金買鄰」的故事，說明了古人對居住環境與選擇芳鄰等事的重視程度。

梁武帝有一名很優秀的臣子名叫呂僧珍，他的才幹很受梁武帝的重視，對他也很依賴。甚至當呂僧珍請求梁武帝讓他回鄉掃墓祭祖時，梁武帝不但同意，還乾脆任命他爲南康郡守，讓他光耀門庭，省得他又再提回鄉的事情。

呂僧珍的工作態度，絕不徇私情，一向秉公辦事，因公會客時，連他的兄弟也只能在外堂，不准進入客廳。

一些近親，以爲有了呂僧珍這樣的靠山，可以不再做買賣，便到郡裡來見他，希望可以謀取一官半職，呂僧珍也會耐心勸服他們打消主意。

呂僧珍住宅的前面，有一處他屬下的官舍，平時出入的人很多。有人建議他命令那個屬下移到別處去辦公，把官舍留下來當做住所。呂僧珍嚴辭拒絕，表示絕不能把官舍作爲私人的住宅。

呂僧珍這種廉潔奉公的高尚品德，受到了人們的稱頌。

有位名叫宋季雅的官員告老還鄉，回到南康郡後，特地把呂僧珍鄰家的一幢房屋買下來居住。一天，呂僧珍問他買這幢房子花了多少錢，宋季雅回答說：「共花了一千一百萬。」

呂僧珍聽了大吃一驚，反問道：「要一千一百萬，怎麼會這麼貴？」

宋季雅笑著回答說：「其中一百萬是買房屋，一千萬是買鄰居。」

呂僧珍聽了，過了一會兒才意會過來，不禁也跟著笑了起來。

環境對生活的影響十分深遠，孟母爲子三遷的故事，也說明了要覓得好鄰居實在非常難能可貴。良好的環境的確能讓自己獲得助益，呂僧珍廉潔的美德受人敬重，爲人公正且高尚，所以宋季雅寧願花費千萬也要與他爲鄰。

情操高亮的人與和善有德的人，都是人們樂於接近的對象。

英國哲學家培根說過：「任何本領都沒有比良好的品格與態度更易受人歡迎，更易謀得高尚的職位。」

修身之後才能齊家，擁有良好的品性，待人和善，推己及人，這樣的人，別人如何能不尊重他、喜愛他呢？

你準備好要做一個「人見人愛」的人了嗎？別忘了，想得人愛，你得先去愛人，或許你也可以從接納你的鄰居開始。

8.
PART

讚美就是最有效的溝通

讚美是最有效的溝通方法，
可以瞬間縮短彼此的心理距離。
不論在什麼場合，
想要獲得別人的信賴、擁戴，
就必須多稱讚對方。

讚美就是最有效的溝通

讚美是最有效的溝通方法，可以瞬間縮短彼此的心理距離。不論在什麼場合，想要獲得別人的信賴、擁戴，就必須多稱讚對方。

俄國大文豪托爾斯泰在《戰爭與和平》裡，曾強調讚美別人的重要性。他說：「即使是在最好的、最友愛、最單純的關係中，稱讚也是不可少的。正如同要使輪子轉得滑溜，潤滑劑是不可少的。」

讚美的話人人愛聽，適時的馬屁可以發揮強大威力。

要獲得別人的信賴、擁戴，就必須想辦法多稱讚對方，不瞭解稱讚藝術，只會一味責罵的人，很難成就一番大事業。

唐朝末年有位學者殷安，經常慨嘆社會混亂，倫常乖舛。

有一天，他又大發牢騷，對學生們說：「自從盤古開天地以來，夠資格被後世尊奉爲聖人的，只有五個人。第一位是具有神性之德的伏羲氏，再來是教導黎民開田墾地的神農氏、伐紂抗暴制禮作樂的周公、教化萬民倫常道德的孔子……」

殷安邊說邊彎下四根手指頭，說到這裡，他想了一想，搖搖頭說：「除了這四位，就再也找不出夠資格的人了。」

「不，老師，第五位聖人就是您。」這時，一位弟子奉承地說。

殷安聽了這番奉承的話，表情突然嚴肅了起來，不太好意思地回答說：「不，我還沒有資格……」

可是，不知不覺間，他已經將第五根手指彎了下來。

這個故事說明了，每個人的潛意識裡，都有強烈的自尊心和虛榮感，認爲自己比別人聰明、優秀，而且希望別人能夠對自己加以肯定；即使言行舉止表現得再謙沖的人也不例外。

因此，交際應酬時，應該掌握人性的這項重要特質，儘量滿足對方想獲得稱讚的心理需求，不要喋喋不休地談論自己。

法蘭西斯·培根曾經這麼說：「與別人交際應酬之時，得體的讚美，比口若懸河更為可貴。」

讚美是最有效的溝通方法，可以瞬間縮短彼此的心理距離。

要拍馬屁，就要拍到對方的心坎裡。不論在什麼場合，想要獲得別人的信賴、擁戴，就必須多稱讚對方。

不瞭解稱讚藝術，只會一味用舌頭責罵別人的人，在人生道路上必定困難重重，很難成就一番大事業。

不要亂戴部屬拋來的高帽子

接受諂媚、滿足虛榮之後，你往往得犧牲某方面的利益作為代價。諂媚的人之所以說出違心的話，是因為心中有所企求。

有人說，拍馬屁是打通人際關係的貨幣。

確實如此，從許多笑話、典故、案例之中，我們可以得知，很多人表面上看似憎恨別人拍馬屁，但其實，他們憎恨的只不過是別人沒把馬屁拍到自己的心坎裡。

有一則笑話說，有個人對某位官員面說，大部分的人都喜歡被諂媚，自從他出道之後，就靠著給人戴「高帽子」而無往不利。

這位官員聽了，大不以爲然地說：「我就不喜歡諂媚拍馬之徒。」

這個人見狀，連忙見風轉舵，附和說：「對，對，您當然與衆不同，您堪稱是濁世裡的清流，可惜的是，像你這樣剛正不阿、厭惡拍馬屁迎逢的人，普天之下能有幾個呢？」

這個官員一聽，臉上不禁露出欣然喜色，那人走出官邸時說：「我的高帽子，又送走一頂了。」

這個故事說明了，人人都知道諂媚不好，但當別人諂媚到自己頭上來時，你未必抗拒得了。

爲什麼不能接受諂媚呢？因爲，諂媚只能讓你獲得一時的快樂。諂媚者說的都是違心的話，這正是諂媚與由衷讚美的根本區別。

諂媚的人之所以說出違心的話，是因爲心中有所企求，這個要求又無法經由正常的管道獲得滿足的。

如果他有眞本事通過努力獲得滿足，他就用不著對你諂媚了。

所以，接受諂媚、滿足虛榮之後，你往往得犧牲某方面的利益作爲代價，這顯然不合算。

要拒絕諂媚，首先要分辨出什麼是諂媚。

很多人都像故事中的那位官員，自以爲本身抗拒得了諂媚，結果是受了諂媚而不自知，問題就在於他無法分辨出什麼是諂媚。

那個專門送高帽子的人，用的是「附和型」的諂媚方法，就是順著別人的想法拍馬屁，不太過肉麻，也不太露骨，因此最容易被人接受。

有一種「阿諛型」的諂媚方法，屬於比較低級的諂媚，就是人們平時所謂的「灌迷魂湯」，一般人最容易上當。

還有一種就是「反襯型」的諂媚方法，即以指責你周圍的人，間接地抬高你，拍你的馬屁。

他們能夠察言觀色，所貶低的人正是你不喜歡的人，你不好意思說的壞話，他們會代你一吐爲快，這一招也十分靈驗。

不受諂媚就要多聽反面意見，不要給專說好話的人任何好處。

不受諂媚，還要去除喜歡聽好話的習慣。聽到讚揚的話就要提高警覺，以防對方藉以換取什麼東西。對好話可以採取置若罔聞的辦法，心中設想別人是在說一個毫不相干的人。

不受諂媚，要特別警惕在你面前說別人壞話的人。

今天在你面前說別人壞話的人，明天也可能在別人面前說你壞話。尤其是表面和人交好，背後又四處說人壞話的人，或者背後說人壞話當面卻大加吹捧的人，更屬於典型的諂媚者，有時還可能是挑撥離間的人。

這種人成事不足，敗事有餘，對於他們所說的話萬萬不可相信，最好連說人壞話的機會也不要給他。

用自己決定的事情來誘導對方

用自己決定的事情來誘導對方，使他覺得像在決定自己的事情一樣，才算是一種成功的操縱術。

最高明的馬屁往往拍得不著痕跡，卻又牽著對方的鼻子走。古往今來熟諳這種高明手段的政治人物會時常不費吹灰之力就達成自己的目的。

美國羅斯福總統，在擔任紐約州州長時，他的民主黨州議員個個都有氣無力，沒有半點幹勁。每次開會，都有一些堆積如山的議案要表決，使他感到困惑，他想激發這些人的幹勁。

羅斯福巧妙地運用了誘導術，讓州議員挑選出一個人來，擔任州政府的重要職務。羅斯福知道，如果州議員對他所推薦的人不滿意，一定會以社會輿論反對的理由，拒絕通過該項議案。

但要選一個羅斯福和州議員都喜歡的人，定會大費周折。

所以，他就故意讓他們參與決定的過程，讓他們產生參與選舉的錯覺。最終的結果，州議會成了一架高效率的機器。

美國有一個心理學家，將領導者的類型分爲獨裁型和民主型，他認爲在沒有壓力的民主政治中，如果領導者能巧妙地運用攻心術，定能使部下富有朝氣，樂觀進取。所謂「參與意識」，內含了影響一個人幹勁的重要因素。

人的潛在心理經常會對和自己有關的事情，產生一種想瞭解得更深的「參與慾望」，雖然有時想不去理會某事，但這種想法卻違背了潛在心理的要求。

讓對方說出意見，充分地滿足他的參與慾望，能使對方產生強烈的參與意識。一旦人心裡有了這種意識，那麼，不管是集團或組織的目的，就會像是自己的目的一樣，會在不知不覺中，使工作態度和幹勁逐漸好轉起來。

美國心理學家雷德，以他擔任多年上司的經驗說：「對部下不能用命令的方式，而要用詢問的方式。」

這也是希望在聽取對方的意見中，誘導出對方的參與意識，如此一來，可使對方的意見充分地表達出來，使參與意識發揮到最大限度。

其實，誘導對方的幹勁，讓他做出決定，不可能總是好的。因爲，讓一個能力不足的人下定決心，可能會產生相反的效果，讓持反對意見的人做決定，還會造成組織上的混亂。

因而，應該用自己決定的事情來誘導對方，使他覺得像在決定自己的事情一樣。如果能以這種方法順利地誘導對方，才算是一種成功的操縱術。

假裝笨拙，讓對方產生優越感

當一個人面對著比自己優越的人，總會有種挫折感，這是一種無法滿足自尊心而引起的心態。

拍馬屁的基本原則是設法激發對方的優越感，從積極的角度來說，拍馬屁是一種經營人際關係的技巧，爲了更有效達到目的所施展的謀略。

只要能順利激發對方的優越感，就能獲得對方的好感。

日本電視台每年都會公佈由全國觀衆票選的「人氣王」排行榜。有幾年所公佈的結果，最令觀衆有好感的男演員是武田鐵矢，許多觀衆都稱讚，武田鐵矢確實有不同於其他演員之處。

嚴格地說，武田鐵矢並沒有傑出演技或特殊才能，而且長相平凡普通，帶點傻氣，聲音也並不特別好聽，怎麼說他都不像是一個人緣極佳的演員。

他爲什麼會好幾次當選爲「人氣王」呢？

據說，他的秘訣就在於時常暴露一些自己缺點，而且毫無顧忌地說出來，給人當笑柄。

當然，這些給人的印象，都是他故意製造出來的。如果以潛在心理操縱來看，他眞是一個很會製造自己形象的演員。

時下的演員幾乎都是擁有貌美、頭腦聰明、歌唱得好、具有演戲能力等優點，他們總是儘量塑造出比別人更爲優越的一面。

但是，有時一個演員擁有的優點越多，給人的反感越是增加。例如，某些紅極一時或善於炒自己的演員，雖擁有壓倒性多數的影迷，但對他們抱強烈反感的人也相對增加。

從這裡我們可以得知，當一個人面對著比自己優越的人，總會有種挫折感，在心理上會產生「你比我偉大，所以我討厭你」的感覺，這是一種無法滿足自尊心而引起的心態。

有些當紅演員，雖然他們的優秀才能是受歡迎的主要原因，但同時又是不受歡迎的主要原因，所以說人類的心理實在非常微妙。

當然，並不是說越傻的人就越能討好別人，而是每個人都希望自己能完美無瑕，但如果有時故意露出自己的醜態，使對方產生優越感，就會贏得他的好感。

像武田鐵矢的做法，就是在觀眾已經肯定了他的才能後，故意製造一些缺點，暴露在觀眾面前，使觀眾產生優越感，因而對他產生好感。

用肯定的方式說出否定字眼

說話的最高藝術並不在於你說了什麼，而在於你怎麼說，解決的辦法是把一些否定字眼，用肯定的方式說出來。

石坂泰山先生是大阪萬國博覽會的會長，他認爲政府撥給博覽會的預算太少，許多工作都無法展開。

當時擔任首相的佐藤榮作，前往萬國博覽會視察時，石坂向他報告說：「我將盡力用首相撥下的預算，完成博覽會的籌備工作。但是，這恐怕會讓日本在世界上丟臉……」

就因爲石坂這句話，博覽會立刻爭取到了高額的預算。

當你需要對方接受你提出的要求時，最好先表示同意，拍拍對方馬屁，然後再用「但是……」提出反駁意見。

這種「石坂式交涉法」，與個性高傲的人討還價時相當有效。

因爲，個性高傲的人有種強烈的優越感，認爲自己是世界上最優秀的人，與人交涉時，常常想用高傲的姿態壓倒對方。所以，和這種人談判時，如果直接說「不」否定對方意見，很容易收到負面效果。

他們做事時，往往欠缺精確度，在他們趾高氣揚的發表意見時，若是發現這一點的話，最好仍然保持安靜的聆聽態度。

一旦發現他們的話中有謬誤，可以引經據典的告知：「然而，有些情況卻是……」，如此一來主動權就會回到自己手中。

這就是不說「不」，卻能收到「不」的效果的方法。

在談判過程中，儘管努力調和不同觀點和個性，達到雙方滿意的結果，但是由於言語上的衝動，爆發人身攻擊的情況，還是時有耳聞的。

如果你受到挑釁，而不得不採取強硬態度回擊時，應當注意分寸，不要因爲對方的無禮，而失去自我控制。

談判中應如何駁回對方論點，而不採全盤否定的方式，是這個領域裡普遍存在的問題。

如果無意中措辭不當，很可能會在駁回對方論點時，刺痛了對方的敏感部位。其實，說話的最高藝術並不在於你說了什麼，而在於你怎麼說，解決的辦法是把一些否定的字眼，改用肯定的方式說出來——即「石坂式交涉法」。

例如，把「你錯了。」改說：「對，但是……」

把「我完全不同意你的話。」改說成：「你講得很好，我基本上同意您所說的，可是……」

把「你的報價簡直是對我們的侮辱！」改說成：「我覺得您的報價很合理，假如能……那我們現在即可成交。」

把「我一點兒也不能同意你的論點。」改說成：「我不是不認同你的看法，只不過……」

把「這麼做太糟，應當……」改說成：「我們可以再研究研究，以我個人來說，我看這是可行的，只須……就可以了。」

把「這簡直太可笑了。」改說成：「你的這個想法妙極了，但我覺得若是再……那將會更好。」

具體進行反駁時，用語不一定與上述例子一模一樣，但用肯定語氣表示否定意思，比較容易使對手聽起來順耳，不會引起感情上的衝突，因爲那樣對雙方都不利，只會使達成協議的距離越來越遠。

說話上的變通花招無窮無盡，就看各人的口才，以及如何靈活運用。

拍對馬屁，會增加成功的機率

感情或感覺可以突破難關，更能誘導反對者變成贊成者，這是潛在心理學的突破點。只要拍對馬屁就會增加成功的機率。

在人生的各項競爭中，是否具備解決問題的聰明才智，是否懂得拍馬屁的方法，往往是決定勝負的關鍵。

懂得拍馬屁會增加成功的機率，因此我們平時就得經常鍛鍊自己的馬屁功力，讓它成爲克敵致勝的秘密武器。

當事情陷入膠著狀態，你能不能運用自己的馬屁功力在泥沼中找到出路，讓不利的局面朝自己希望的方向發展？

馬屁是一門千變萬化的高深學問，絕不是口頭上的阿諛奉承而已，有時也必須訴諸感性的說辭。

有一位美國少年站在地鐵的月台上，不小心摔到了鐵軌上面，那時剛好有一輛電車迎面飛馳而來，雖然他在驚慌中萬幸地保全了性命，但是身體卻受了重傷，失去了一對手腕。

於是，這個少年向地下鐵路公司提出控訴，要求賠償鉅額醫療費用和失去謀生能力所衍生的損失，但是不論是地方法院的審判還是高等法院的審判，陪審團和法官都認爲這不是地下鐵路公司的過失，而完全是少年自己造成的。

因此，在訴訟過程中，這個少年每天心情沉重，過著鬱鬱寡歡的日子。

終於到了最後判決的日子，經過最後一場辯論後，最高法院竟宣判少年反敗爲勝，而且全體陪審員也一致贊同少年勝訴，應該獲得鉅額理賠。

這完全是少年的辯護律師的功勞，在當天的最後辯論中，他深知「當理性無法戰勝時，只有訴諸感性」的道理，於是充滿感情地對陪審團說了這麼一句話：「昨天，我看到少年用餐時，直接用舌頭去舔盤子裡的食物，使我難過得不禁掉下了眼

淚。」

這句話使陪審團的態度峰迴路轉，最後做出有利於少年的有利判決。

這是因爲，人類畢竟是由感情操縱的動物，即使有千百個理由，也比不上一個令人感動的事實。

這個例子說明了，許多表面上看起來是理性的意見或判決，事實上往往是依賴人的感情和五官的感覺來做判斷的，也就是說，當理性無法改變事實時，訴諸感情或感覺可以突破難關，更能誘導反對者變成贊成者，只要拍對馬屁就會增加成功的機率，這是潛在心理學的突破點。

許多平常堅持以理性行事的人，感性更是他們的罩門，因爲對於會隨著心情變化的情緒，他們更有著柔弱的一面。

在人際交往或處理事情時，感性比理性更重要，要懂得掌握人性潛在的弱點。用動情的話打動對方的心，往往比高談闊論更能收到意外的效果。

縮短自己和別人心理上的「距離」

要記得，糾纏不休並非明智之舉，那會使人喘不過氣來，覺得你陰魂不散，會讓人大傷腦筋。

馬屁是人類社會慣用的交易貨幣，想要拉近和別人之間的距離，就必須正面而積極運用，千萬不要對拍馬屁的行爲嗤之以鼻。

想要拍別人馬屁，就要拍得自然坦蕩，並且表現得謙恭有禮。奉承別人的時候要態度誠懇，達成目的之後要心存感激。這樣，你所表現的馬屁行爲，自然會深入對方的心坎裡。

在交際領域中，有一門學問叫作「距離學」，這是依照距離，試著去思考各種問題的學問。

我們無論是在演講會、同學會、紀念會、宴會等場合中，每當可以自由就坐時，就會考慮：該坐哪個座位比較恰當呢？

在這種狀況下，往往就會出現高興坐的座位、敬而遠之的座位，或者是無可奈何的座位。

遇上這種情況時，你將以什麼基準選擇座位呢？

如果你是性格內向或者是比較沈默寡言的人，參加各種聚會時，或許會選擇坐在後面或坐在角落。

假若從人際關係方面去考慮，無論在什麼場合，大多數人一定會坐在自己喜愛的人旁邊，並遠離平時討厭的那些傢伙。反之，會環繞在自己座位周圍的人，大概是不會討厭自己的人。

由此可見，距離應該與感情上的好惡有關。

因此，如果我們想建立並維持良好的人際關係，就要設法縮短自己和別人之間的心理距離。

縮短彼此心理距離的方式是，常常說好聽的話語，保持適當的聯繫。

但是，要記得，糾纏不休並非明智之舉，那會使人喘不過氣來，覺得你陰魂不散，會讓人大傷腦筋。

如何好好地平衡這兩面呢？

法國劇作家莫里哀曾經說：「友誼的結合，是要經過考慮與選擇，才能生長出來的。」

因此，和別人交往的過程中，必須發揮智慧來考慮對方的立場，以及理解正確的人性，在待人接物中做到熱情且不過分，客氣而不失禮貌，這樣一來，你就能獲得良好的人際關係。

你懂得傾聽別人說話嗎？

為了替自己樹立良好的形象，必須學會聆聽。「聆聽」是為了明白聲音的含義而集中注意力，全神貫注傾聽對方說話。

在日常生活裡，每一個人都有自己的成長環境和生活背景，所以，一個人多采多姿的人生經歷，往往就是一篇篇引人入勝的精采故事。有時候，人再怎麼發揮想像力，都比不上這些故事來得眞實刺激。

因此，聆聽也是一種迎合的方法。在分享別人的經驗之時，爲了替自己樹立良好的形象，首先必須學會仔細聆聽。

「聽」，是透過一個人的聽覺，察覺出聲音的來源。「聆聽」則是爲了明白聲音的含義而集中注意力，全神貫注傾聽對方說話。但是，每個人或多或少會在聽別人講話的過程中出現精神渙散的毛病，有時候，如果不注意傾聽說話的內容，只茫然附和，不但容易犯錯，也會讓對方留下不良印象。

你是不是常常全神貫注地聆聽別人說話？有時候你明明想仔細聆聽，但注意力卻因爲心不在焉而分散，有時是因爲對話題不感興趣，有時則是因爲說話者的說話技巧不佳，因此談話內容成了馬耳東風。

值得注意的是，聽者的神態盡在說者的眼裡，如果你認眞地傾聽別人說話，說話的人對你的評價將會比實際上高出許多。聽話這個行爲，對於在別人心目中建立良好的形象，有相當關鍵的影響。

電影《機會難再》中，主角彼得．謝勒沉默寡言，總是全神貫注傾聽其他人所說的話，看起來像一個低能者，最後觀衆卻發覺，其實他才是最聰明。

夏里．哈特的小說《愛神的化身》裡頭的主角，也是個喜歡傾聽別人說話的人，凝神傾聽就是他日常生活中最常應用的武器。

夏里．哈特認爲，絕大多數的人總喜歡不停地說話，反而會從沉默寡言的人身上逐漸察覺自己的膚淺與無聊。

以上兩個例子提醒我們，想要拉近彼此距離，多磨練自己聆聽的能力，一定能收到很大的效果，千萬別忘記「沈默是金，雄辯是銀」的古訓。

學習聽講的技能，是一項很重要的人生課題，也將是你終身受用的工具。

9.
PART

虛張聲勢，讓對手不敢造次

與人周旋、交談時，
注意說話技巧與態度，展現出自信，
可以有效提高自身壓迫威嚴感與說服力。

瞄準關鍵人物的「要害」下手

在採取行動之前，務必進行審慎妥善規劃，務求找出關鍵人物的需求，從最「脆弱」的地方著手，一舉中的。

西方人到中國市場做生意，不約而同地感到第一難的是——人際關係網太多、太複雜，令人不知如何應付。其中，「裙帶關係」所衍生的威力更是非同小可，讓西方人頭疼不已。

其實，對於能靈活運用的人而言，裙帶關係正是突破難題的關鍵。

或許你不相信，那麼，不妨看看以下這個例子。

爲了追回一筆人民幣一百萬元的欠款，梁英足足前往新春電線廠討了十多次，卻總是沒有結果。她感到不能再這樣下去，決定換個方式下手。

於是，梁英開始打迂迴戰，瞄準新春電線廠財務科副科長小李下手。這年輕的小夥子雖只是副科長，卻是新春電線廠廠長的外甥，如果能拉攏過來幫忙，要回欠款想必會容易許多。

這天，梁英再度前往新春電線廠，逕自往財務科把小李叫了出來。小李一臉爲難地說：「梁大姐，妳的事，我實在幫不了忙。」

梁英一聽笑出聲，擺了擺手說道：「我今天可不是來要錢的，更不是找你幫忙，而是爲了幫你的忙。」

「幫我的忙？什麼意思？」小李不解地問。

「替你介紹對象呀！」

一句話說得小李的臉微微發紅，梁英則自顧自地接著講下去：「別不好意思，我已經打聽過了，你還沒有女朋友。正巧我昨天去姑媽家，我有一個表妹也還沒有對象。我表妹長得漂亮，剛從大學畢業，和你非常登對啊！對了，我已經替你約好了，今天晚上在光明電影院見面，這是電影票，可別去晚了喔！」

小李接過電影票，連聲道謝，梁英拍了拍他的肩，轉身離開。

第二天，梁英撥了通電話給表妹，從對方的語氣中感覺到兩人似乎印象不錯，很有繼續發展的可能，不禁暗自得意，要回欠款有希望了。

從此之後，她不再天天前往新春電線廠要欠錢，而是把精力分配到其他上下游客戶、廠商身上。

半年時間很快過去，有一天，梁英家裡出現兩位客人，正是小李和她的表妹。兩人表示近期就要結婚，小李接著又說，新春電線廠最近收回好幾筆貨款，明天就可以辦理還款手續。

兩個月後，在小李的婚宴上，當身分爲介紹人的梁英和爲新人證婚的新春電線廠的蔣廠長見面，蔣廠長才恍然大悟，爲什麼財務科副科長、自己的外甥，在處理還款問題的時候，會那樣竭力地替對方說話。

小李夫婦怎麼也不會想到，他們竟成了梁英討債過程中最關鍵的一著棋，產生舉足輕重的作用。因爲，自始至終，梁英都沒有向他們提出任何要求。

這就是梁英熟諳人性的最好證明，她知道有了「裙帶關係」之後，不用自己畫蛇添足地開口，小李必定會主動開口幫忙，因此只要等待時機成熟即可。

俗話說「打蛇要打在七寸上」，解決困擾自己的問題也是如此，做任何事都要瞄準關鍵，從「要害」下手。

梁英能夠順利要回款項，就是因爲選擇了好的突破口。至於，怎樣找出關鍵人物？又該怎樣攻下關鍵人物？凡此種種都是人際關係中的學問。

當然，做任何嘗試、下任何決定都有風險，所以在採取行動之前，務必進行審慎妥善規劃，務求找出關鍵人物的需求，只要懂得從最「脆弱」的地方著手，往往就可以一舉中的。

彈性應對，掌握所有可供利用的資源

「做事留一線，他日好相見」，掌握所有可供利用的人脈資源，就是在商場上立命安身不可不奉行的真理。

商場如戰場，想要生存，首先得分清誰是敵手，誰是朋友。對朋友，必然笑臉相向，如同春風和暖；對敵人，則必須橫眉冷對，嚴冬一般殘酷無情。

但是，話又說回來，商場上沒有永遠的朋友，也沒有永遠的敵人，只有對利益的追求永遠不變。因此，待人處世態度絕不能一成不變，否則不是被認爲軟弱可欺，就是可能被當作無情無義。

不僅要靈活機動，更要學習適時調整面具。對小人扮小人，對君子扮君子，如果君子變成了小人，就該馬上武裝自己、加以防備；同理，如果小人變成了君子，那麼也應該把黑臉換成白臉，雙方仍是朋友。

具備這樣的能力，才有縱橫商場的本錢。

一位住在美國洛杉磯的華裔商人陳東，向香港繁榮集團購買了一批景泰藍，言明一半付現，另一半以支票支付。交易當天，陳東卻不出面，指派兒子前來支付現金與一張一個月的支票。

一個月後，支票到期，卻遭到銀行退票，幾經聯繫，陳東一推再推，後來索性不接電話，繁榮集團這才知道中了圈套。對此，集團老闆陳玉書相當憤怒，直說：「除非他永遠不踏上香港一步，否則我一定逼他把錢交出來。」

於是，陳玉書開始廣佈眼線，終於有一天，得知陳東來到香港洽談另一宗生意。陳玉書馬上派人與他聯繫，並以廉價批售鳥獸景泰藍相誘，將陳東請到公司。

一踏入辦公室，便聽見背後門被鎖上，陳玉書大喝一聲：「陳東，總算等到你了！」陳東驚覺自己上當，臉色大變，僵立在當場。

陳玉書伸出手問他：「我的錢呢？」

「什麼錢？」陳東很快回過神，意圖耍賴。

「你欠我的錢呢？」

「錢是我兒子欠的，你要我還，這根本不符合美國法律！」

「沒有你的授意，我當初又怎麼會跟你兒子簽約？另外，這裡是香港，不要用美國的法律壓我，乖乖還錢。」

陳東緊張地盯著陳玉書，生怕對方氣得失去理智，會使用武力，便大聲說：「你這樣是不行的，別想恐嚇我。」

「對付不講理的人，我自有我的辦法。你別以爲自己懂得美國法律，我就對付不了你。你知不知道我是什麼人？」不等對方回答，陳玉書一拍桌面，大聲吼道：「告訴你，我從小就是在街頭混出來的！」

有句俗話說：「軟的怕硬的，硬的怕橫的，橫的怕不要命的。」那個當下，陳東全身冷汗直流，用手摸摸胸口，又忙掏藥，看樣子有點受不了。

陳玉書見已經達到恫嚇的效果，便稍微和緩了口氣對陳東說：「我就只要你還錢，其他都好說。你自己考慮考慮吧！」

陳東知道自己既然不愼落在對方手上，抵賴也已經無用，所有詭計都無法施展，只得打電話聯絡朋友，開出一張支票。

陳玉書也學了乖，馬上要部屬拿著支票前往銀行取款，確定成功兌現後才放已經嚇壞了的陳東離開。

事情到此算是解決，但並未全部落幕。第二天一早，陳玉書和妻子親自前往喜來登酒店拜訪了下榻的陳東，還帶著禮物，向對方表示誠摯的歉意。

這又是爲了什麼目的呢？

很簡單，因爲錢債糾紛畢竟不是生死之仇，既然已經成功將錢拿回來，接下來就是要回頭鞏固人際關係，畢竟「做事留一線，他日好相見」，掌握所有可供利用的人脈資源，就是在商場上立命安身不可不奉行的眞理。

徹底發揮三寸不爛之舌的威力

千萬別小看了動之以情的「慫恿」效果，只要持之不懈，便有可能轉移對方已經做好的決定，成功達到自己的目的。

請託人辦事要有耐心，因爲許多事情並不像想像中那樣容易應付與操作。有時候，你拜託他人爲自己辦一件事，對方雖有能力，卻可能遲遲不肯答應。造成這種狀況的可能有很多，因爲任何人都可能有自己的考量與苦衷。

如果你當下便馬上放棄，那自然不會再有希望，但你若能持之以恆，以耐心周旋，便可能得到「柳暗花明又一村」的收穫。

某建築工地急需六十噸瀝青，採購員受命，立刻火速尋找貨源。偏偏當地的瀝青全部被同一家工廠壟斷，對方態度相當冷淡，推說現在供貨吃緊，至少得等到兩個月之後才能提供所需的量。

採購員一聽非常著急，工程進行到一半，怎麼能夠擱置兩個月呢？而當他從其他人口中得知其實這家工廠仍有大量存貨，只是因爲自己平常沒「進貢」，忘了要打好關係，才不願意幫忙時，更是又急又怒，氣得不知該怎麼辦才好。

但這位採購員畢竟是聰明人，懂得控制自己的感情，思索真正能解決問題的辦法。他想想，自己手頭一無餘錢二無長物，要「進貢」是不可能的，但至少有足夠力量死皮賴臉地遊說對方的廠長。

從第二天起，他天天前往那家工廠的廠長辦公室，耐心地懇求訴說。廠長感到煩，板起臉孔不願意理睬，他也不在意，就坐在一旁靜靜等待下一個開口的機會，且始終面帶微笑、彬彬有禮、心平氣和、風度絕佳。

終於，「捱」到第五天，廠長再也受不住，忍不住說道：「唉，算我服了你，就幫你這一次吧！那批瀝青，明天就可以送到。」

在這個事例中，採購員先探明了自己遭到拒絕的原因，進而從這一點發揮，擺出低姿態，好聲好氣地請求，最終「磨」得對方不得不答應他的要求，屈服於一連串「纏人」攻勢之下。

二十世紀八〇年代初期，中國大陸進行了著名的「引灤入津」工程，計劃引灤河的水解決天津民生用水問題。但才進行不久，就因爲炸藥量不足而面臨必須停工、延期的困境。領導人對此心急如焚，指派李連長驅車前往東北某化工廠求援。

李連長晝夜兼程千餘里，在最快時間趕到那家工廠，卻沒料到要求提出後，只得到一句冷冷回應：「現在沒有貨。」

對於這樣的結果，他當然不能接受，只得找上廠長。廠長接見了他，表明自己不是不願意做這筆生意，但現在確實拿不出貨品，勸他另想辦法。

李連長並不灰心，坐在廠長辦公室，看著面前的一杯熱茶，忽然靈機一動，想到一個新話題：「這水眞甜啊！可是您知道嗎？天津人喝的是從海河裡、窪洞中集來的水，不用放茶葉就是黃的，還帶苦味呢！」

說到這，一眼瞥見廠長戴的正是天津產的手錶，話鋒一轉又接著說：「您也戴天津錶？聽說現在全國每十只錶中就有一只是來自天津，每四個人裡就有一個用的是天津的鹽。您是行家，一定懂得水與工業的密切關係，眞是爲了解燃眉之急啊！沒有炸藥，工程就得延期，所有行業都要受到影響……」

李連長說得很誠懇，使得廠長不知不覺受到影響，打開話匣子與他聊起來：「你是天津人？」

「不，我是河南人。只是看了天津市民的困難感到不忍心，實在希望他們能有乾淨的灤河水可以用，所以……」

當晚，廠長發下命令，全體員工加班三天，趕製炸藥。三天後，李連長帶著滿滿一車炸藥，順利返回。

人是感情的動物，所以無論意志再怎麼堅定，都有可能被動搖。千萬別小看了動之以情的「慫恿」效果，只要持之不懈，便有可能轉移對方已經做好的決定，成功達到自己的目的。

抓住弱點，一招致勝

與團體交涉時，不妨採用各個擊破方式，找出不同成員間彼此溝通的障礙或矛盾，如此一來將可以達到事半功倍效果。

經營原料買賣的老張氣呼呼地來到一家欠了好幾筆款項的工廠，決定今天無論如何，都要把延宕了好幾個月的債務解決不可。

推開廠長室的門，說明來意後，廠長客氣地請老張去找經營科長。經營科長聽了，說這不是自己的事情，又請他去找供銷科長；供銷科長只搖搖頭，又把老張推向了財務科。最後，財務科長只說了一句：「具體狀況我不清楚，你找別人吧！」之後便再無下文了。

覺得自己像皮球被踢來踢去，老張怒氣沖沖地走回廠長辦公室，把自己的遭遇完整地陳述一遍。

「去找經營科長，就說是我說的！」廠長立刻拿出威風。

這回，經營科長果然客氣許多，但說來說去，最終結論就是沒錢，還不了債。

老張心想，這樣就想打發我嗎？才沒那麼容易。

他馬上又回去找供銷科長，結果當然也是和經營科長一樣，一聽是廠長交代下來的，態度變得很客氣，可還是沒錢。

這次，老張沒生氣，心下一轉，生出了一個計謀。

「你怎麼又來找我？」當廠長第三次看見老張進辦公室，明顯滿臉的不高興。

「我跟他們說了，是你要我去的，可是他們根本無動於衷，還是敷衍推託，根本不理會。」老張一臉無奈地說。

廠長聽罷，馬上板起臉孔，用內線電話把經營科長叫過來。

「我不是解釋了嗎？目前廠裡的資金很緊，一時調不出來。」一進入廠長辦公室，經營科長就說。

「你並沒有這麼說，只是讓我去找供銷科長。」老張回答說：「不信可以去找供銷科長問一問。」

聽著不著邊際的應答，廠長感到有些頭痛，便下了逐客令。「你們自己去談談，把話講清楚。」

「你這人怎麼胡說八道？」經營科長相當生氣。

「是廠長請我去的，問我跟你談得怎麼樣。」老張說。

「我不是說了嗎？沒錢。」

「那你要想辦法解決問題啊！」

「這就是答案，現在解決不了。」

老張沒再回話，轉身就離開。

「你還來幹什麼？」廠長第四次見到老張，煩得幾乎要拍桌。

「經營科長告訴我，就算你說也做不到，根本什麼事情都解決不了，不回來找你怎麼辦呢？」老張說：「我這一整天就這樣耗在這裡吧！」

廠長一聽，大動肝火，抓起電話撥通後就是一陣大吼，要經營科長非得把事情徹底解決不可，別再拖延，替他製造麻煩。

「你到底是什麼意思？」經營科長狠狠瞪著裝出一臉苦惱的老張。

「我沒什麼意思，是你一直弄不懂廠長的眞正意思。」

「是嗎？他是怎麼說的？」

「他聽說你還不把錢給我，當然生氣。」

「這麼說，他同意給你錢？」經營科長有些驚訝地問。

老張早料到有此一問，便答非所問，模糊帶過：「說不定過幾天，廠長還要再跟我訂一批貨……」

「好吧！」經營科長不疑有他，站起身。「帳上確實還有一部分款項，原本是要撥去發放工資的，既然廠長都點頭了，就先給你吧！」

說完，便親自領著老張前往財務科辦理手續。

從以上這個故事，你是否看出了什麼道理？

與團體交涉時，不妨採用各個擊破方式，找出不同成員間彼此溝通的障礙或矛盾，如此一來將可以達到事半功倍效果。想要得勝，切記找出對方的弱點。

虛張聲勢，讓對手不敢造次

與人周旋、交談時，注意說話技巧與態度，展現出自信，可以有效提高自身壓迫威嚴感與說服力。

在商場上打滾，會碰上各色各樣的人，即便自己以誠待人，仍可能被心懷不軌者存心訛詐，這時該如何是好呢？

孫經理，是位四十開外的單身女人，因爲天生性格強悍，生意做得相當大。

有一天，她剛結束會議，就聽說業務員小關被人騙了，忙把他找來問個究竟。

小關年紀還輕，剛從大學畢業不久。他說，前些日子，某公司前來購貨，在簽名時動了點手腳，故意把帳號尾數的「七」寫成「九」，等到至銀行代收支票時，

便因這個理由遭到銀行拒絕。

「爲什麼當時不核對一下？」孫經理發火了，毛病竟然出在這裡。

「對方在簽名時，墨水沾得有點多，所以模模糊糊，看不清楚。」小關說：「我用電話聯繫過，他們說沒接到銀行的付款通知，所以就把經費用在其他生意上了，沒錢給我們。」

批評已經無濟於事，孫經理決定自己出馬解決問題。

小關領著孫經理，在一處僻靜小巷裡找到了這家公司。一進門，孫經理便大大方方地往椅子上一坐，一個中年人見狀，立刻請出總經理。

只見總經理不慌不忙走出，略微點了一下頭，自稱姓米。孫經理心想，這個人最多也不過三十來歲，自己的氣勢絕對不能被壓過去。

「你們做生意也太不老實了！竟然騙到了我的頭上！」

「這是正常業務往來，怎麼能叫騙呢？誰叫你們辦理託收不及，當時也不留心，怪不得我們。」米總經理回答。

「我就只要你把該付給我們的錢拿出來，其他的場面話都不用講。」孫經理表現得相當強悍。

「妳大可以去打官司，反正我現在沒錢。」米總經理冷冷地回答。

「嘿，這眞有你的，但我偏不吃這一套。」孫經理扭頭對站在身後的小關說：「走！去銀行查他的帳！」

「唉呀！別那麼激動！不如先去吃午飯，我請客，有事慢慢商量。」米總經理一聽到對方要查自己的帳戶，頓時有些緊張，畢竟不知道孫經理的本事多大，還是謹慎防範些好。

孫經理的酒量很大，米總經理原本盤算著把她灌醉之後設法套出實底，卻沒想到幾杯白酒下肚之後，反倒是自己先說了實話。

原來，米總經理的「公司」只有兩個人。招聘業務員時講定，每一批貨都發貨款的十分之一給業務員，然後解聘，由他們承擔責任並處理債務關係，玩點小手段，只欠不還。公司賺到了錢，就拿去投資其他的熱門生意。

「反正都是公司的事，何必這麼認眞？這樣吧！我把貨款總額的十分之一給妳個人，就當作是我的一點心意。」米總經理說。

「那怎麼行！我這個人，什麼都缺，就是不缺錢。如果是我自己的事情，倒也就算了，根本看不上眼，正因爲是公司的事，所以你必須一分不少地即刻還給我。」

孫經理毫不動搖。

「妳怎麼有這麼多錢？」米總經理按捺不住驚訝，脫口而出。

「當然是自己賺來的呀！我家有兩個工廠一個大酒店，每年利潤的三分之一再撥出去投資，累積起來就有了。」

孫經理漫不經心卻又理所當然地回答，但事實上她家根本什麼也沒有。

「老弟，欠我的錢拿來吧！」酒後，她說：「這種缺德生意也別做了，改天到我那裡去，我幫你介紹一份好工作。」

米總經理再無二話，乖乖去銀行領了錢，把所有積欠的款項都還清。

這篇故事，明白展現出了「氣勢」的妙用。孫經理憑什麼深入虎穴，得到虎子呢？說穿了就是憑藉著氣勢。與人周旋、交談時，注意說話技巧與態度，展現出自信，可以有效提高自身壓迫威嚴感與說服力。

處世要周全，以改變應萬變

沒有解決不了的問題，端看下手的方向是否正確有效。隨時衡量情況，調整自己的做法，才是聰明的處世之道。

無論做任何事情，都要懂得掌握變通與彈性調整的空間。

即便是在催討債務的過程中，都可以採用軟硬兼施的彈性計策，以軟中有硬，硬中有軟的交替手法施加壓力，迫使對方接受自己的要求。

這種方法，尤其適合用在對方一味抵賴、固執己見、冥頑不化的時候。

某公司派出一位女經理到另一工廠催討一筆貨款，剛一見面，那家工廠廠長就搬出一大堆困難，連珠砲似地不停推託：「不是我不想還錢，可確實就是窮啊！連

下個月的工資都發不出來了，哪裡還有錢還債呢？」

女經理一聽笑道：「老實說，我剛剛先花了點時間和廠裡的工人聊了幾句，大概知道營運的狀況，雖說有困難，可並沒有到完全還不出錢的地步。」

廠長自知理虧，也知道對方是個精明人，索性眞的賴起來：「沒有用的，就算妳能說得天花亂墜，我也拿不出一分錢。」

女經理有備而來，並不驚慌，從容地答道：「欠債還錢是天經地義的事，眞要賴著不還，最後不免就要打官司。到時候，鬧到工廠宣佈破產，被查封資產，拍賣抵債，實在是不怎麼好看。爲了區區一筆小錢，何必鬧到對薄公堂的地步？您說是不是？」

廠長見招數不奏效，態度馬上軟下來，笑著說：「我也有苦難言啊，要不這樣吧！我把還欠廠裡錢的廠商名單全給妳，妳自己去交涉，有能耐要回多少，就全帶回去抵帳，這下總行了吧？」

女經理看出廠長把這些自己吃不下、應付不了的麻煩拋出來，當然不會乖乖接受，馬上想出一個主意，回道：「冤有頭、債有主，我爲什麼要去向別人要？不然這樣，換我想個辦法。聽說貴廠以您的名義買了不少有價債券與基金，不如就直接按現在的價格折算給我們吧！」

一招不行，就再換一招。

廠長馬上又想出新的主意，開出一張「空頭支票」：「這個主意倒不錯，可惜晚了一步，那些東西昨天已經抵給了別人。對了，廠裡現有一些庫存的照相機，妳拿回去抵債吧！」

女經理露出一副爲難的樣子：「要那麼多照相機幹什麼用呢？再說，我又怎麼敢下這樣的決定？您乾脆想辦法把那些照相機拍賣了，然後折換成現金還給我，問題不就解決了嗎？」

廠長見自己想出的所有辦法都被女經理給頂回來，斷了一個又一個的賴帳退路，終於無可奈何地攤手說：「妳眞厲害，實在拿妳沒辦法。好吧！我馬上去找總會計師，明天就開轉帳支票過去，這下總該滿意了吧？」

正是憑著自己堅定的意志、卓越的口才、過人的機智，女經理才得以把一個存心賴帳的廠長給治得服服貼貼，不得不乖乖還錢。

她所採取的，正是以軟對硬、柔中有剛的方式，見招拆招之餘，也不失時機地主動提出對自己有利的辦法。

沒有解決不了的問題，端看下手的方向與計策是否正確有效。隨時衡量情況，調整自己的做法，才是最聰明的處世之道。

微笑比發怒更能達到功效

千萬別輕忽了微笑的力量，不僅能化解紛爭，更能幫助自己達到目的。「沒有笑臉莫開店」，這是所有出色經商者都同意的經驗之談。

「伸手不打笑臉人」，縱橫商場，微笑比冰冷的臉龐更有用，可以讓你更方便更輕鬆地完成艱鉅任務。

華宇服裝加工廠與羽裳時裝公司簽訂了一份加工承攬合約，按規定，由華宇服裝加工廠爲羽裳時裝公司加工製作兩千五百件眞絲襯衣，於四月底交貨，衣料，樣品及尺寸等由訂做方提供。每件襯衣的加工費爲二十元人民幣，總金額共計五萬元人民幣。

最後，訂做方應於四月三十日提取訂做物，同時付清所有加工費。

簽訂合約後，華宇服裝加工廠上下一致趕工，到了四月二十二日，就完成了所有工作。但很快的，約定的提貨和付款期限過去，羽裳時裝公司卻始終未前來辦理提貨和付款手續。同年五月中旬，華宇服裝加工廠正式派人前往羽裳時裝公司催討債款，但全都無功而返。

狀況演變至此，究竟是怎麼一回事呢？

原來，羽裳時裝公司原是一家小時裝店，楊姓經理接手後，苦心經營，幾年來發展很快，已經成爲擁有十五家分店的時裝公司。

乍看相當風光，但也由於發展過快，累積下不少欠款，每天一開門，公司就擠進成群討債的人，楊經理只好以各種理由不斷搪塞推託。

華宇服裝加工廠得知這個情況，自然相當生氣，也很擔心討不回欠款。高層幾番衡量後，決定不像其他廠商那樣撕破臉，而以「笑裡藏刀」的方式下手，並指派公關部的黃組長著手處理。

黃組長決定直接深入「虎穴」，跟楊經理約定時間，某日晚間親自登門拜訪。

那晚，黃組長依約來到楊經理家中。兩人初次見面，楊經理自知欠有大筆款項，心中不安，場面十分尷尬。

黃組長見狀，爲了拉近彼此距離，便開始與對方大談從事服裝製造業的一些心得與趣事。

談著談著，楊經理發現兩人對服裝設計的觀點十分相近，頓生知音之感，拿出自己得意的設計，讓黃組長評價。

黃組長一見，馬上指出其中的優點，並大爲讚賞，直說是不得了的佳作，捧得楊經理得意非常。

在黃組長三寸不爛之舌的吹捧下，楊經理只覺「生我者父母，知我者黃組長也」，大爲驚喜感動。黃組長見時機已到，話鋒一轉，含蓄地表示最近廠裡的經濟狀況遇上了困境，希望楊經理予以體諒。楊經理一聽此言，二話不說，立即簽下五萬元的支票交給黃組長。

就這樣，華宇服裝加工廠討回了欠款，成功解決難題。

從上述例子可以知道，微笑往往比疾言厲色的發怒更有成效。

以微笑爲煙幕，降低對方的戒心，最終成功討回債務。應用「笑裡藏刀」的委婉手法，常常可以在各種場合看到。

千萬別輕忽了微笑的力量，不僅能化解紛爭，更能幫助自己達到目的。

「沒有笑臉莫開店」，這是所有出色經商者都同意的經驗之談。無論在哪一個領域，微笑都是足以折服敵人、攻克難關的大絕招。

以靜制動，抓住對方的言語漏洞

在雙方關係緊張、一觸即發的時刻，催款人該以冷靜和藹態度對待。以靜制動，才能抓住債務人所暴露出的種種弱點和漏洞。

既然在商業社會裡打滾，人就不可免地會與許多人、許多機構有金錢往來，進而產生債權或債務關係。

其中，最辛苦、最不討好的，該是擔當催款工作的人。

身爲催款人員，由於工作需要，免不了得與各式各樣的人打交道，有的人通達熱情，開朗大方；有的人則心胸狹隘，表情冷漠，一副所有人都欠了自己幾百萬的模樣。有的人說話誠懇，能與人眞誠相待；有的人正好相反，不僅滿口謊言，甚至虛情假意，蓄意欺騙。

但是不論遇上哪種人，不論對方使自己感到多麼難堪，催款人員都必須控制情緒，以「忍」字爲最高守則。

身爲到期不履行債務的人，不管出於什麼原因，見到催款人出現，心裡總是感到不自在、不舒服，並產生出對立、牴觸的情緒。

因此，在雙方交涉、商談的過程中，債務人有可能爲了維護自己的面子而出言不遜，無理取鬧，甚至進行人身攻擊。

債務人可能採取的無理行爲有很多種，例如強詞奪理，胡攪蠻纏，刻意刁難，向催款人提出意想不到且根本無法接受的苛刻條件。

也有些時候，債務人會故意耍賴，三番五次拒不和催款人見面，或者好不容易終於見了面，也不談正事，以種種藉口一拖再拖。

債務人的一切舉動都可能讓人生氣，令人難忍，在一般情況下，催款人若是受到不合理對待，自然有理由大吵一翻，或以各種手段回敬，以發洩心中的怒氣。可是必須切記，以上種種指的是「一般情況」。

身爲催款人，應當時刻記住自己的身份，記住任務的眞正目的是把錢要回來。明白了這些，那麼對於債務人表現出的一切奇談怪論、荒唐行徑，都應當見怪不怪，平常視之，以忍讓爲先。

如果催款人不能活用「忍」字訣，忍受債務人的無理言行，就會導致雙方關係陷入緊張狀態，甚至公開對立。

一旦出現這種情況，催款人以後不僅無法繼續與債務人進行商討、交涉，在此前所做的一切努力也將化爲烏有，前功盡棄。

也許在此之前，催款人爲了早日摸清債務人的資信情況，付出了很大心血與時間；也或者爲了促使債務人儘早履行債務，而與其他相關單位達成一致共識，付出相當力氣在溝通與周旋；又或者，催款人爲了不虛此行，臨行前搜集了大量資訊。然而，一旦雙邊鬧翻，所有一切就會付諸東流，使效果大打折扣，無論從哪一方面來講，都非常不值得。

因此，催款人爲了達到目的，完成自己的任務，要能忍受一切難以忍受的語言行爲，秉持「以柔克剛」、「以靜制動」的精神。

對那些蠻橫不講理、脾氣暴躁的債務人，再沒有比「低聲下氣」更好的辦法了。比如，當對方大發脾氣，你可以對他說：「請您不要生氣，我來這裡不是爲了吵架。」「我剛才的話可能惹您生氣了，但請您能夠理解我此刻的心情。」「請您理解我們的難處，就算是請您幫我們一把吧！」

凡此種種，相信一定可以使對方冷靜下來，更加理智地思考問題。

債務人越是暴跳如雷、橫蠻刁難，催款人越應當心平氣和，以禮相待。在雙方關係緊張、一觸即發的時刻，催款人該以冷靜和藹態度對待。以靜制動，才能在「靜」中抓住債務人所暴露出的種種弱點和漏洞，然後迫使履行債務。

用人情束縛讓債權人成為俘虜

人情難拒，若能學著去發現、去發掘並徹底利用這些情感因素，必定可以成為討債人無往不利的一大法寶。

討債是一件棘手的事情，卻可以藉助一些小技巧來達成。除了上述的死纏爛打、以忍爲先，還可以透過與當事人有情感聯繫的第三人進行攻勢，迂迴包抄，由外向內滲透，達到目的。

以下這幾種人，都是値得「下手」的對象。

・配偶

對一般人來說，自己的妻子或丈夫必定是日常生活中關係最密切的伴侶，因此也是外人「攻打」的首選。要知道，每日反覆不斷吹襲的「枕邊風」，必定能夠達到一定的影響力。

・親家

親家雖不是有血緣關係的親屬，但因爲身分特殊，一般人都會對他們敬重且禮讓有加。即使身爲大公司的老闆，對部屬比手畫腳、頤指氣使、呼風喚雨，但可能一遇上老丈人，頓時像換了個人似的，表現得安分規矩，言聽計從。

・好友

「一個籬笆三個樁，一個好漢三個幫」，這句諺語形容的正是「朋友」。

結識知己密友是社會生活中的正常現象，因此藉對方的知己好友以達到討債目的，當然是可以利用的有效武器。

・親屬

除去以上三種人，還能對對方產生影響作用的親屬，就是父母、兄弟姐妹、兒女等具備血緣關係的直系、旁系親屬了。

• 客戶

這種關係的影響力，又與以上幾種完全不同，是根基在利益的基礎上。債務人與自己的客戶，尤其是長期客戶，不一定有血緣關係，也不一定有人際友誼，但存在利益的交換、依賴。因此，透過對方在生產經營活動中密切互動的重要客戶施加影響，通常也可收到奇效。

或許你會感到不敢相信，但千萬別輕忽了這一層人際關係的可能影響。欠債方若爲一個經濟組織，那麼一般情況下，決策人的「周邊」結構必定還包括職員、幹部、工人等，可以統稱爲「部屬」。

• 部屬

無論他們之間存在的是平等關係還是雇傭與被雇傭關係，都牽涉到利益的互惠，因爲負責人的意圖必須透過部屬的努力才得以貫徹實施。因此，只要處理得當，部屬同樣可以發揮重要作用。

總而言之，人情難拒，它可以因血緣之親、超血緣之親、利益之「親」等衆多因素而產生。若能學著去發現，去發掘並徹底利用這些情感因素，必定可以成爲討債人無往不利的一大法寶。

10. PART

要拍馬屁，也要推銷自己

多幾句奉承的話，
多一些感謝與尊敬的言行舉止，
只要一直保持謙遜的態度，
必能擄獲上司的心，讓他對你另眼相看。

適時在他人面前稱讚上司

到客戶的公司時，一定要向對方的高級主管讚揚自己的頂頭上司，這樣不但能顯示己方的和諧，也適宜地向上司拍了馬屁。

在人類歷史中，拍馬屁的行爲可說源遠流長，只要有人的地方就有馬屁文化。其實，從積極的角度來說，拍人馬屁只是求生存、謀發展的一種手段，爲了更有效達到目的的一種謀略，爲了經營好人際關係的一種技巧。

拍馬屁是對別人的一種恭維，文明一點的說法就是「讚美」，只要心態健全，根本無須大驚小怪，也不用扭扭捏捏。

當著上司的面直接拍馬屁，雖然是一種普遍易行的方法，但是顯得露骨，很容易招致同僚的輕蔑與敵視，而且在很多情況下，正面歌功頌德產生的功效非但很小，甚至還可能得不償失。

與其如此，倒不如在公司裡，趁上司不在場時，大力吹捧幾句，反正這些讚美總有一天還是會傳到上司耳中，又不易引起同僚的反感，可謂一舉兩得。

例如，下班後相邀去聚會應酬時，不見得全是來自同一部門的同事，在這種情況下，即使是一個不經心的批評，也很容易被擴大渲染，對自己造成傷害。

與其如此，倒不妨多利用這個「網」，讓讚美的言詞流傳出去，同樣會鑽進上司耳中，並達到拍馬屁的效果。

「人各有所長」，在讚美上司時，可以針對他的長處、優點大加吹擂。若是在場有人對此不表贊同，甚至發出批評或是反駁的言論，也無須爭辯，只要表示那些都是個人主觀意見即可。

可以的話，牢記那些批評言論，日後若有機會，不妨向上司報告，這也是一種表現忠心的方法。

此外，對於來自其他部門的人，不管對方是誰，千萬別忘記多加讚美，不論外在的打扮，或實質的工作表現皆可。

可別以為這麼做沒有用處，要知道，自己的下屬在其他部門是否受歡迎，也是上司會在意的事情之一，部下若很得人緣，上司也會感到很光彩。這個上司或許目前和你沒有從屬關係，但日後也可能成為你的貴人。

普通上班族和不同部門的人處在一起，往往會鬆懈下警戒心，說出一些平常不敢說的話，因而這是獲得「幕後消息」的最好機會。

這種情報往往對管理階層非常有價值，所以經常收集相關消息並透露給上司，也是博取歡心的一種方法。

不過，必須特別注意的是，如果一個下屬和其他部門的人，尤其是其他部門的上司走得太近，這時，直屬上司必定不會感到高興，因為人總難免會猜疑。所以，和其他部門之間，最好保持「有點黏又不會太黏」的距離，如此既能打通關係、廣結善緣，又不會引起不必要的麻煩與猜忌。

在顧客面前也要多讚揚上司。到客戶的公司時，一定要向對方的高級主管讚賞自己的頂頭上司，大力吹捧一番；或向別人提一些上司最得意的事，與公司引以爲榮的宣傳廣告。

這樣不但能顯示己方的和諧，也適宜地向上司拍了馬屁。

若是有機會和上司一起到顧客公司做簡報，千萬別只顧自己搶鋒頭，因爲這會令上司覺得難堪，難免留下疙瘩。

最好的處理方式是細節部分由屬下做說明，結論則留給上司做，或者在過程中多以「經理，您認爲如何」的方式徵求上司許可、認同。這些穿針引線的小動作，看似可有可無，實際上卻可能成爲自己的護身符。

任務結束之後，在歸途中，要記得感謝上司給你機會，參與如此深具意義的訪問，並強調正是因爲與上司同行，自己才能得到收穫。日後若是和顧客達成交易，千萬要立刻表達謝意，強調上司同行所產生的正面效果。

巧妙獲得上司的賞識

「創意型」的部下必定懂得掌握上司心理，不但能將上司交代的事情做好，連忘了交代的事情也能顧及到。

如果你自認擁有滿腹經綸，工作又相當賣力，卻在現實環境裡懷才不遇，可曾仔細想過到底哪裡出了問題？

答案就是你只知道埋頭苦幹，卻不肯或者不曉得如何獻殷勤。

想要被賞識，光做到工作勤勉是不夠的，還要懂得掌握上司的心理。

從上班族的行爲模式來看，大致可以分成幾種，無法全部完成上司交代的事情，屬於「怠慢型」的下屬，必定難以出頭天。

上司一個口令便一個動作，從不討價還價且任勞任怨，這種下屬則可歸類爲「勤勉型」，雖然他們的表現已經在平均水準以上，但要獲得上司青睞、信賴和歡心，還是略嫌不足。

一個想獲得賞識的下屬，除了工作態度佳，能努力完成任務外，還要有與衆不同之處，這也就是所謂的「創意型」下屬。

「創意」並不是自己隨便亂出主意，而是衡量實際情況之後，把上司曾做過的訓示、秉持的意念加以應用，達到奉承的效果。

「創意型」的下屬，特點是擅長察言觀色，只要上司臉色一有變化，就能見微知著地替接下來的行動做好準備。

像是去拜訪重要客戶前，他們會向上司請示有沒有事情需要轉告，或是應付對方的方法；訪問回來後，則會將得到的反應仔細呈報。這不僅僅是下屬應盡的本分，也是不露痕跡討好上司的一種方法。

還有人將下屬分成「待機型」和「期待型」。

前者隨時都有等候指示的準備，並能在短時間展現爆發力；後者則滿腦子期待被上司器重，但對工作卻缺乏實際認知與準備。哪一種下屬能長久被賞識器重，相信大家心中都知道答案。

隨著時代演進，消費型態也在逐漸轉變。現今無論任何行業，幾乎都免不了得面對來自消費者的抱怨，這時，如果有肯自動自發、積極挺身處理這些事的部下，對主管來說，絕對是求之不得的好事。

應付顧客抱怨最好的方法，就是不管遇到什麼狀況都誠懇地低頭道歉。這種任人責罵、委曲求全的角色，沒有人會喜歡擔任，況且處理得不好，還可能遭到公司怪罪。

但也正是因爲具有一定難度，假如有人自告奮勇地出面承擔，上司一定會對這個部下產生相當好感和極高評價。

處理顧客的抱怨事件，採取道歉、賠不是的低姿勢只能算是「基本入門」，想要當個馬屁高手，不能以此爲滿足，還要積極利用機會，反過來使對方成爲公司的忠實客戶，達到雙贏結果。

如何能夠做到呢？

最重要的，便是讓顧客充分感受公司誠意。譬如在狀況發生時，主動到顧客處了解情況，致道歉之意；事後，還要請該名顧客提供改進意見。主動拜訪、不時關懷，就會讓顧客產生受重視的感覺，消解心中原有的不滿。重視顧客的公司，當然會受顧客歡迎，這一點無庸置疑。

勇於承擔棘手麻煩的工作，又能化危機爲轉機，積極替公司爭取到客戶，這種積極又肯犧牲的個人形象表現，無疑是「盡心盡力」的拍馬屁高手。這種人是最被上司欣賞、器重的部屬，一旦有升遷機會，絕對能優先被提拔。

「創意型」的部下必定懂得掌握上司心理，不但能將上司交代的事情做好，連忘了交代的事情也能顧及到，並樂於替上司承擔麻煩和困難。如此貼心又「好用」的部屬，自然深得寵信。

與其高談闊論，不如靜心聆聽

靜心聆聽別人的談話，而後好好地思考，不但對本人有相當大的助益，同時也會給別人留下良好的印象。

日本心理學家多湖輝曾寫過一本如何與顧客交談的書，提到三個重點：

第一、一定要向初訪的客人要名片，並在名片上註明交談日期、外型特徵、與何人同行、當天的主要話題，然後歸入檔案。

第二、聽顧客談話時，要注視顧客的眼睛，仔細聆聽。

第三、在顧客面前儀態要端正。

英文的「listen」含有認眞傾聽的意思；而「hear」則只是單純地聽到而已。如

果能夠傾聽對方談話，會使人覺得受到尊重，自然十分愉快。

不過，「傾聽」不只是個被動、靜止的行爲，偶爾也要加入一些點頭稱許的動作或表情，以身體語言來表示感動或共鳴。

多傾聽別人談話，通常可以獲得許多知識，若再將這些知識、話題加以消化吸收，即可增廣自己的見聞，累積更多的話題。而且，這並不需要特別的支出，何樂而不爲？

交談的時候，如果像條單行道，只懂得自己喋喋不休、自我陶醉地高談闊論，常會令對方覺得掃興，甚至心生厭倦。這時，縱然態度誠懇，內容豐富有趣，仍舊容易造成對方的不悅。

八分聽講二分演說，這是與人交談的重要原則。這點套用在商場上的交涉或許不見得非常恰當，卻相當適用於拍馬屁的對象。

面對上司的談話時，即使聽到的內容並不新鮮，也要有所反應，還要偶爾提出疑問，讓對方覺得你對他的談話內容很有興趣。對於亟欲拉攏的客戶，見過幾次面後，對方也許再次老調重彈，但還是得勉強自己洗耳恭聽。認眞傾聽，就是「拍馬術」的第一堂入門。

以下幾則ＩＢＭ職員的「自我啓發心得」，也可供拍馬者作爲參考。

這是該公司首任董事瓦特生送給員工的一些座右銘：read（讀書）、listen to（仔細聽）、discuss（好好與人討論）、observe（觀察）、think（思考）。

靜心聆聽別人的談話，而後好好地思考，不但對本人有相當大的助益，同時也會給別人留下良好的印象。

所以，在上司或客戶面前，別老是高談闊論自己的想法或經歷，這只會惹人厭惡；相反的，能仔細傾聽上司的談話，並適時地予以發問、附和，才會討人喜歡。

傾聽再傾聽，就是最省力的馬屁功夫。

掌握馬屁之道，上司是誰不重要

公司內總有人事調動的時候，因此上司是誰不重要，最要緊的是，為人下屬者懂不懂得與上司往來的相處之道。

現實社會中，到處都是哀怨的上班族。這是因爲，大多數人都習慣以自我爲中心，忽略了拍馬屁是人際應對必備的技巧，只有掌握拍馬之道，把奉承話說得更悅耳動聽，才會使人更快出人頭地。

有人說，上班族的無奈在於，爲人下屬的沒有權利要求挑選上司。若是任性地說：「我要做A課長的屬下」或「我只想去B課長的部門」……等等，非但不被允許，更有可能在別人心中留下惡劣不成熟的印象。

而且一旦有這種想法，必然會對目前的上司越發不尊敬，甚至會加以輕蔑，忘了上司、下屬間應有的禮節，如此一來，無異是自掘墳墓。

萬一你不幸遇到壞上司，那麼就要努力掌握對方的心思，平常要嚴守上下禮儀，即使被嫌惡、批評，也要無條件忍耐接受。

面對壞上司，想要扭轉劣勢時，工作要格外認眞，報告力求詳盡，有錯就要認錯，將工作成果都歸諸上司的指導或幫助，顯現出自己的忠誠。

我們不難見到，中國歷史上有不少「馬屁大師」都是生於時局動亂不安、皇帝昏庸暴虐的朝代，但這些人憑著極爲高明的馬屁功夫，反而深得上位者的寵信，擁有享不盡的榮華富貴。

由此可見，只要手段夠高超，不管上司的好壞如何，都能飛黃騰達。

眞正窮凶惡極、濫用權限的上司並不多，何況在人與人相處的過程中，對方的態度往往會隨著你對待他的態度而有所變化。

即便是一個脾氣又臭又硬的壞上司，也有他的弱點，只要對準罩門，積極地拍馬屁，情況就可能完全會改觀。

最要不得的愚蠢做法是一味逃避或堅持抗爭，下屬要是跟自己的直屬上司展開鬥爭，結果可想而知。

此外，如果下屬採取越級申訴的方法，即使一時產生作用，但在整個組織體系中，必定不會有好下場，就算將來調到別的部門，也難被新上司寵信。

無論如何，公司內總有人事調動的時候，上司是誰、好壞與否並不重要，最要緊的是，下屬懂不懂得與上司往來的相處之道。

下屬對上司最簡單、最好的相處之道，就是多拍馬屁，只要「馬屁之術」運用得當，哪怕對方是個脾氣暴躁、不明事理的上司，也會被你掌握在手心，使自己的工作和升遷之路順暢無阻。

以上司為尊是成功的保證

虛懷若谷、以上司為尊的態度，一定可以打動他的心弦。雖然才能在某種程度上是成功的保證，但仍舊要小心別「樹大招風」。

在職場上，若是上司本身不擅長舞文弄墨或者外務繁多，但職責所在又必須寫一些文件或書信，這時身爲下屬的你，就應該當個恰當的「槍手」。

要在別人所寫的文章上刪減修改是件很容易的事，所以，只要先打聽好該寫的內容，然後私下在工作空檔時起草就可以了。這種人有如上司不可或缺的左右手，會極受禮遇與尊重，在所有拍馬屁術中，算得上相當高階的一種。

假設有機會在客戶公司的刊物上做商品的宣傳廣告，即便是因爲業務員的努力

才爭取到，而且由你負責擬稿作業，但刊登時還是用上司的名義較好。

稿件完成後，別忘了先讓上司過目修改，做最後定奪。

身爲屬下的你，只要不露形跡地默默耕耘，扮演好幕後功臣的角色，就是對上司最強而有力的奉承。虛懷若谷、以上司爲尊的態度，一定可以打動他的心弦。既然身爲屬下，就算頗有才華，也絕對不能驕矜自喜，或奢望大出鋒頭。能力的展現不應急於一時，把榮耀送給上司才是最正確的做法。

如果自以爲大肆發表言論，是展現自我能力、爲公司效力的最佳方式，那就大錯特錯了。想在相關業界的刊物上投稿發表，一定要先讓上司看過文章，並肯切詢問他的意見，才是最謹慎妥當的做法。自鳴得意地在各刊物上大寫文章，很容易會被認爲是「喜歡突顯自己的人」，落得四處樹敵的下場。

當屬下的要暗自警惕，謹記「才華畢露會招來橫禍」的道理。雖然，才能在某種程度上是成功的保證，但仍舊要小心，避免「樹大招風」惹來一身腥。若想強出鋒頭，不僅會被人扯後腿，暗地裡更免不了被罵得狗血淋頭。

告密，也是為了拍馬屁

告密的消極作用，是要藉此消滅異己、鏟除敵人；積極作用則是拉近自己與上司的距離，取得好感與信賴。

在一般人的觀念中，告密是種令人不齒的行爲，也是一項很不名譽、很不光彩的事，但不可否認，在競爭劇烈的職場叢林中，它也是弱者求生存的一項法寶，可以有效贏得上司好感和信賴的拍馬妙計。

同事之間的聚會可以增進彼此感情，但不可太頻繁，只能偶爾爲之。除了應邀參加聚會之外，也必須嘗試主動邀人聚會。

必須留意的是，由於大家都來自同樣的工作單位，言談間，話題很容易便會轉成對上司的批評，或說某位同事的閒話，甚至進行人身攻擊、惡意中傷。

小道消息或流言蜚語確實是煩悶生活的「調味劑」，但也具備相當的危險，因爲只要參與聚會的某個人將這些議題作爲告密的依據，傳到上司耳裡，自己平日工作的努力和辛勞便可能瞬間化爲泡影。

所以，在這類場合中，最好表現出一副對閒話不感興趣的姿態，不要捲入戰局，不妨儘量說些不相干的笑話，與大家同歡共飲。如此一來，不但可以提高氣氛，博得衆人好感，也避免讓人抓到自己的小辮子。

一旦發現同伴的談話，已開始涉及對他人的誹謗、中傷時，就要趕快設法岔開話題，免得他越說越激動，說得太過頭，日後要是被洩漏出去，你就免不了「有難同當」。

若是聚會場合中有人談論起上司，無論善意的褒揚讚美或嚴重的批評誹謗，都要一一牢記，因爲越在上位的人，對情報的渴望程度就越殷切，即使只是部屬間私底下流傳的生活謠言，也是求之不得的訊息。所以，若能記牢這些小道消息，趁機向上司報告，就能博取歡心。

向上司報告同事間流傳的閒話，其實就是「告密」。告密有告密的技巧，首要就是選擇沒有第三者在場的時機，其次是報告時要裝成難以啓口的樣子，這除了可增加情報的眞實性，更達到吊聽者胃口的效果。

告密的消極作用，是要藉此消除異己、鏟除敵人；積極作用則是拉近自己與上司的距離，取得好感與信賴。

不過，千萬別當個只會說壞話、不說好話的告密者，要是不知節制，久而久之，上司可能會對此生厭，甚至認定你是個專門中傷別人的人，不但不再對你有好感，反而還會刻意加以疏遠。

告密的重點就在於，偶爾也要說點好聽話，唯有好壞相間的內容，才能眞正收到告密的預期效果。

要拍馬屁，也要推銷自己

多幾句奉承的話，多一些感謝與尊敬的言行舉止，只要一直保持謙遜的態度，必能擄獲上司的心，讓他對你另眼相看。

無論表現得如何謙沖，人的內心總是喜歡別人奉承，有時候，即使明知對方講的只是場面話，心中還是免不了沾沾自喜。

再嚴肅正直的人也抗拒不了馬屁，這正是人性最大的弱點，因此，身爲上班族應該多加利用各種機會拍上司馬屁。

結婚是人生大事，同時也是對某些人表示尊敬與信賴的機會，更是拍馬屁的大好時機，主賓、介紹人、司儀等人選都輕忽不得。

即將要結婚的屬下，要請高級主管當婚禮的上賓，介紹人最好由直屬上司擔任，但是請別的部門主管當介紹人則是大忌。至於婚禮進行中掌控場面的司儀，最好請要好的同事擔任。

請求上司出席婚宴時，態度要誠懇、言詞要謙虛，婚禮後更要記得致謝拜訪。新婚夫婦若能一起去拜訪擔任介紹人的上司，相信上司會覺得無比榮幸。此外，也要到擔任主賓的高級主管府上拜訪。

逢年過節時，不妨讓太太到高級主管府上送禮，與主管夫人套交情是件重要的事。要囑咐妻子展現出和藹可親的笑容，謙虛溫柔的態度，有了「賢內助」的幫忙，會使升遷之路更加順暢。

不要一廂情願地認爲，請上司當過介紹人之後，對方就必定會在工作場合特別關愛自己，相反的，就是因爲上司會開始特別注意你，所以更要小心自己的一言一行，讓上司挑不出毛病，留下美好的印象。

除此之外，如果你的口才不錯，在同事的婚禮上，也要積極爭取司儀的任務，

多利用這個機會，好好地吹捧出席的上司，日後必定會有好處。

要知道，毫不遲疑地推銷自己，正是拍馬屁的技巧之一。

上司最忌諱的是自抬身價、滿口大話、喜愛吹噓的下屬。有時候，當事人很可能已經招致上司反感，卻還渾然無所覺，所以縱然是虛情假意，但在面對上司的指責時，也得表現出心悅誠服的樣子。

多幾句奉承的話，多一些感謝與尊敬的言行舉止，只要一直保持謙遜的態度，必能擄獲上司的心，讓他對你另眼相看。

總之，不管是直屬上司，或其他部門的上司，都儘量對他們獻殷勤吧！因爲人事的調動權力都掌握在他們手中。

要成功，就要徹徹底底地拍馬屁，千萬不能遲疑。把握任何時間、利用任何場合，把上司高高捧上天，這麼一來，成功自然就離你不遠。

關懷電話是攻陷人心的利器

不要被動地使用電話，要將電話當作是拍馬屁的最佳利器，若能善加運用，對於自己的升遷之路必將有極大的幫助。

每天上班前，最好先抽空瀏覽新聞網站或收聽新聞廣播，注意當天是否有重大突發事件，要是發現客戶或是公司主管的住處附近，發生火警或重大意外事故時，一定要馬上打電話探問，即使離事件發生地有一段距離。

因爲，此時流露出的忠誠和好意，會讓對方產生好感，甚至銘記在心。

如果事件發生在客戶的公司附近，就要盡快向上司報告，請他打電話去關切，這對上司是非常有益的。得知消息後，上司不但會高興地撥這通電話，對提供消息給他的部下，也會留下好印象，這無疑是一個很好的拍馬屁機會。

任何人都會對關心自己的人產生好感，並且願意助他一臂之力。一個肯隨時關切上司生活的部屬，在上司眼中是最值得提拔的對象，因此爲人下屬，一定不能放過任何機會，哪怕只是一通關心的電話。

不過，這種電話必須注意時效性，事情過去了好一陣子才表示關心，會被認爲是放馬後炮或虛情假意，反而令人生厭。

爲了掌握時機，及早行動是必要的，此外，打電話到上司家中時，一定要慎選時間，別干擾到他的生活作息。

加班時，如果高級主管來巡視，應當立刻打電話向上司報告實情。隔天，上司若被陣前點將，就能對昨晚加班的情況對答如流。如此一來，高級主管會對你上司的領導能力大加稱許，上司對於及時通報的你也會十分感激。

不要被動地使用電話，要將電話當作是拍馬屁的最佳利器，若能善加運用，對於自己的升遷之路必將有極大的幫助。

11.
PART

讓對方感到自己很重要

人的「自我價值感」，
是經由別人的肯定、讚美、鼓勵而來，
只要「讓他感到自己很重要」，
他也會「正面的回饋」。

讚美可以彌補金錢的不足

「有兩件東西比金錢和性更為人們所需要，那就是認可和讚美。」金錢並不是萬能的，讚美卻恰好可以彌補它的不足。

並不是每個下屬在工作和業務中都會有顯著的成績，許多員工表現甚至很平庸。事實上，在任何一個單位中，真正出類拔萃的總只是少數幾個人，大部分人的表現都屬於中等。

這些下屬雖然表現普通，但並非說明他們沒有能力，有些人資質不錯，只不過潛力還沒有被激發出來，因此，他們更需要領導的關注和激勵。那麼，怎樣對待這些表現平平的下屬呢？

領導者要有發掘這些下屬優點的眼光，如果能夠在日常的工作事務中發掘出他們的優點，並且適時予以表揚，或許就可能改變他們，使他們的潛能激發出來。

稱讚，有時會發揮意想不到的效果，即使下屬沒有潛在的才能，但只要他表現誠誠懇懇、兢兢業業，也值得加以讚揚。

某家公司的一個清潔工，本來是最被人忽視、最被人看不起的角色，但是，他卻在某天晚上公司的保險櫃被撬開之時，極爲英勇地與小偷進行了殊死搏鬥。

事後，公司表揚他並問他的動機時，答案卻出人意料。他說，每當公司的總經理從他身邊經過時，總會讚美他：「你掃的地眞乾淨。」

就這麼一句句簡簡單單的誇獎，就使這個清潔工受到了感動，願意奮不顧身地保衛公司的財產。

美國企業界盛行一句名言：「有兩件東西比金錢和性更為人們所需要，那就是認可和讚美。」

這句名言是年利潤高達六億美元的美國瑪麗・凱化妝品公司的總經理所說的。

的確，在帶動下屬們的積極性方面，金錢並不是萬能的，而適時的讚美卻恰好可以彌補它的不足。

這時因爲，每一個人，包括你和你的下屬們，都是有自尊心和榮譽感的，你他眞誠地表揚與稱讚他們，就是承認和重視他們價值的最好表現。

能眞誠讚美下屬的領導者，會使員工們的心靈需求得到滿足，因此更容易得到他們的擁護，縮短了彼此之間的心理距離。

讓對方感到自己很重要

人的「自我價值感」，是經由別人的肯定、讚美、鼓勵而來，只要「讓他感到自己很重要」，他也會「正面的回饋」。

爲了出人頭地，爲了在激烈的競爭中脫穎而出，人難免會設法恭維別人，盡力討別人的歡心。其實，這只不過是一種手段，並無可厚非。

因爲，「自尊」是人性內在的基本需求，每個人的內心深處都希望自己能夠被人尊重、被人肯定！

在交際應酬過程中，假如你連看都不看對方一眼，握手只是虛情假意地敷衍了事，說明你根本就不懂尊重別人所能獲得的效益。必須記住，唯有「自尊的需求」得到滿足，才能提升雙方的「自我價值感」。

許多心理學家認爲，每個人的身上都帶著一個「看不見的強烈訊號」！這個訊號就是——「讓我感覺自己很重要！」

知名的「玫琳凱化妝品公司」創辦人玫琳凱女士曾說過一個親身經歷。

多年前，她開著一輛老舊汽車到福特汽車的展示中心去，想買一輛黑白相間的新轎車。當她進了福特展示中心，業務員看她開著破舊的車子，斷定她只是來湊熱鬧，根本買不起新車，所以就不把她當一回事。當時，剛好是中午，業務員便推說他要趕赴午餐約會，就先行離開了。

由於玫琳凱女士急著購買新車，所以想見業務經理，但經理也不在，要到下午一點才會回來。

於是，玫琳凱女士只好悻悻然地逛到對街的另一家汽車展示中心。

該中心正展示一輛「黃色轎車」，儘管玫琳凱並不喜歡，而且價錢也遠遠超出她的預算，但是，那名業務員的談吐十分殷勤、誠懇，讓她充滿好感。

在閒聊時，玫琳凱說想買車是因爲當天是她的生日，因此想買部車送給自己當

「生日禮物」。

業務員聽了，禮貌地說自己有點事，請求告退幾分鐘。

不料，幾分鐘後，秘書小姐帶來一打玫瑰，那名業務員把整打玫瑰送給玫琳凱女士，祝賀她「生日快樂」。

「天哪！」玫琳凱說，當時她眞是「太詫異、太驚喜、太意外」了！不用說，玫琳凱買的是遠超過預算的黃色轎車。

因爲，那位聰明的業務員看到了玫琳凱女士身上正散發著無形的訊號——「讓我感覺自己很重要！」而他所做的表現，就是讓玫琳凱女士感覺到「自己的確很重要，很受禮遇」。

曾有一位長得很帥的教授說，他太太長得不漂亮，而且年紀比他還大，在外人看來，兩人並不匹配，但爲什麼還要娶她呢？

「因爲，我太太常常誇獎我，說我很有能力，腦筋很棒，很會理財，做事做得很好，穿衣服很有品味，對人很友善……」

這教授告訴學生說：「我以前漂亮的女朋友常嫌我，老是說我不好，只有我太太會稱讚我，而我就喜歡這種『被灌迷湯』的感覺。」

人的「自我價值感」，是經由別人的肯定、讚美、鼓勵、重視而來，只要讓他感到自己很重要，他也會投桃報李，給你「正面的回饋」。

尊重你的朋友吧，你也能從中換回自尊。

利用聆聽的力量改變別人的立場

想要在辦公室建立良好的人際關係，最重要的步驟就是先了解週遭的人，方法很簡單，那就是好好聆聽別人談話。

當你初來乍到一家新公司，面對完全陌生的新環境，要多觀察、多思考、多探聽、少說話，這才是適應新環境的明智之舉。

假如你心裡知道，周圍的同事們對新來的你都頗感興趣，但是卻又只是靜靜地在一旁觀察你的一言一行之時，你要如何才能讓他們留下良好的第一印象呢？

首先，要多聽少說，這是行事的重要守則。

懂得「聽話」會讓你快速了解你的新同事，並確認他們想要知道什麼，知道他們希望你如何看待他們，希望你喜歡他們、尊敬他們。

如果你明白他們的這種心理需求，你就可很快創造出你想要的印象。

你可以透過「聽話」的肢體語言，流露出他們是如何讓你印象深刻，或者是你有多喜歡或尊敬他們。

所以，第一個步驟，就是迅速找出他們認爲自己最糟糕的地方，並且避免去談論它，千萬別哪壺不開提哪壺。

其實，要解決這個問題很簡單，只要多花點時間去聆聽就能瞭解。

因爲，經過「聽話」的步驟，你就能知道新同事都是什麼類型的人，他們現階段目標爲何，他們的優缺點在哪裡。知道他們是什麼樣的人之後，你就可以找到與他們交談的話題，增強彼此的合作關係。

其次，就是迅速找出那些和你志趣相投的同事，這不但是創造出良好印象的最佳方法，而且也可以維持和諧的同事關係。

再者，面對那些孤傲又難以取悅的人，你應該試著了解他抱持的心態，以及對你的意見和評語。

當然，對於他的意見和評語，你不一定要同意，但也不要心浮氣躁去冒犯他，要很有禮貌、很有耐心地聽他的看法，別讓他有不受尊重的感覺，然後和他保持表面的和諧關係。

必須留意的是，這種心性高傲的人無論在什麼情況下，面對什麼人，都會產生猜忌心理，因此必須敬而遠之。

總之，想要在辦公室建立良好的人際關係，最重要的步驟就是先了解週遭的人，方法很簡單，那就是好好地聆聽別人談話。

因爲，他們的話說得愈多，你對他們的了解就愈清楚。經過一段時間之後，你就能利用傾聽的力量，設法改變他們的立場。

自曝隱私可以鬆弛別人的戒心

為了清除初次見面的人所抱持的警戒心理，最好的方法就是把不至於敗壞自身形象的隱私，毫不忌諱地說出來。

一般而言，人不會胡亂拍別人馬屁，因爲拍馬屁的積極用意在於鬆懈對方的防備心理，進而使對方對自己產生好感。

拍馬屁也不一定是口頭上的阿諛奉承，更高層次的馬屁功夫是適時適度地暴露一些自己的隱私，讓對方產生親切感。

最近有些演員，常常舉行記者招待會，令人奇怪的是，有些女演員還公開自己的緋聞或私事，譬如自己已懷孕……等等。

從這些例子，我們可以深切體會到，明星的宣傳做法正在不斷地轉變。以前的明星從來不在影迷面前公開自己的私生活，許多明星甚至不敢公開自己已經結婚生子。他們這樣做，是爲了提高歌迷影迷對自己的崇拜。

如果歌迷影迷知道他們也和一般人一樣，過著同樣的生活，對他們的崇拜便會日趨冷淡。所以，以前的明星都刻意隱藏自己的私生活，以提高自己的明星地位，當然，這也是一種心理操縱術。

但是，今天的星迷已經不滿足那種狀況，在電視上每天所見到的偶像歌星，已不再讓人覺得他們是生活在另一個世界，反而給觀衆一個平凡的感覺。

所以，明星公開懷孕之類的私人生活上的事情，才能使星迷更覺得親切。這樣也會更加吸引星迷。

事實上，這也是一種能巧妙掌握現代追星族心理的做法。

當一個人的隱私被公開後，對方想要溝通的潛在心理會受到刺激而增強。

雖然，也有些人會抱著警戒的態度，但這不過是因爲溝通的程度不夠所致。爲了清除初次見面的人所抱持的警戒心理，最好的方法就是把不至於敗壞自身形象的隱私，毫不忌諱地說出來，這種方式可以產生非常大的功效。

例如，甘迺迪在競選美國總統時，只有四十歲左右，是一個年輕的愛爾蘭裔美國人，信奉天主教，更是一個富翁的長子，雖然有這些優越的條件，但有時也會產生不利的作用。

甘迺迪和當時已非常有名的尼克森，在電視上舉行辯論會，結果是甘迺迪以壓倒多數取勝。

甘迺迪在奪得總統席位的當選演說中，曾經輕描淡寫地說了下面的話：「緊接著，我還要告訴各位一句話，我和我的妻子雖然得到了新的政權，但我們還等待著生下新的嬰兒。」

甘迺迪總統的作風，使美國國民對他深感親切。所以，當他在達拉斯遇刺身亡時，對美國國民造成了極大的震撼，大家對他的遇刺哀痛不已。

如何善用自己的「手腕」

> 就像古時候封建貴族擁有自己領地和城池一樣，你也應該為自己好好地挑選一個有利的戰鬥位置，才能據此攻城掠地。

人際關係大師卡內基曾說：「懂得分享，才能換取真摯的友誼。」

確實，誠懇對待別人，彼此分享成果，是人與人交往的基本原則。但是，這種說法是抽象的，具體的做法是適時幫助別人，讓別人對你產生好感。這也是拍別人馬屁、讓別人窩心的高明手腕。

如果你擁有出色的才幹，常常協助別人解決難題，而且在公司擁有和諧的人際關係，你就掌握了許多可供使用的籌碼，一旦你需要幫助的時候，隨時都可以轉換成自己的助力。

只要你不輕易浪費籌碼，久而久之，這些籌碼就會累積成一大筆無形的財產，爲自己鋪設一條平步青雲的晉升之路。

當你擁有了別人所欠缺的助力，接著就可以根據自己的專長，擬定日後的陞遷目標，想辦法讓自己躋身最有利的位置。

你不妨思索：「在公司裡，最有利的職位是什麼？最不利的職位又是什麼？我要朝哪個方向前進，才能快速躋身權力中樞？」

你必須先確認自己的專長與希望獲得的職位，然後把這個職位當成跳板；就像古時候封建貴族們擁有自己領地和城池一樣，你也應該爲自己好好地挑選一個有利的戰鬥位置，才能據此「攻城掠地」。

也許你會問：「難道別人就不會運用手腕嗎？」

不錯，競爭無時不在，很多人都同樣處心積慮地在圖謀籌劃，想要爬到最有利的地位，握有最大的實權。

但是，你不必擔心也不用介意，因爲，整天漫無目的地過日子，毫無奮鬥目標的仍然大有人在。

法國作家維尼說：「平凡的人聽從命運，只有強者才是自己的主宰。」

有些人外表像老虎般威武勇猛，實際上卻只是個唯唯諾諾的好好先生，軟弱得近於任人宰割的羔羊。

有的人雖然頭腦聰明，足以成爲你競爭上的勁敵，但是，這些人往往既恃才傲物，又缺乏耐心、毅力，因此也成不了氣候，你只要能善用自己的籌碼和手腕，成功最後必然屬於你。

懂得說話，便是成功了一半

語言不僅是人際交流的最重要的工具，也是溝通辦事的時候最不能忽略的工作藝術之一。

由於生長環境和所受的教育程度不同，每個人說話的方式也不盡相同。交際時說話應當注意察言觀色，對不同的人應當採取不同的說話方式，並且時時注意變換談話的內容，選擇適合對方的話題，拉近彼此的距離。

有很多人都反對「見什麼人，說什麼話」的做法，認爲那是表裡不一的人才會做的事，是兩面三刀、華而不實的表現。

事實上，只要不是心存惡念，見什麼人還眞要說不同的話。

試想，如果說話不分對象，對待什麼人都用同一種方式或同一種話，那麼勢必會使程度差異懸殊的人，無法好好地溝通。

有的人性格開朗、豪爽，直言其過或許他也不會在意，如果你說話的時候閃閃躲躲、猶豫不定，必定會引起他的反感，懷疑你爲人不實。

如果，對方性格內向，也較爲敏感，你的話如果直戳痛處，恐怕又會刺傷他的自尊心。對於這樣的人，則宜採含蓄曲折的表達方式，凡事點到爲止，由他親自去體會言中之意，會比較恰當些。

因此，說話是一門學問，是交友時應當注意的事，切不可盲目地以爲，朋友只要心誠，說什麼話無所謂。

其實，「言爲心聲」，往往你不經意的一句話都會使朋友產生誤會。

此外，言語既然是一種交流的工具，便有它的長處，也有它的缺點，正如一池水可以養活魚蝦，也可以淹死活人一樣。

再者，因爲語言具有模糊性和意義不確定的特徵，有些時候很容易引起誤會。一句話可以這麼理解，也可以那麼理解，如果我們說話不注意，很可能會被人們誤解，警覺性不夠的人，還可能直以爲自己說得很好，忘了解開當中的誤會，讓友情不斷地出現裂痕。

所以，語言不僅是人際交流的最重要的工具，也是溝通辦事的時候最不能忽略的工作藝術之一。

話說得好，不僅是一個人修養水平高的表現，也是一個人增強自己儀表與風度必不可少的因素。

因爲，沒有人會認爲一個穿著整潔卻言語粗俗無禮的人有風度；相反的，即使一個人穿著樸實無華，只要談吐不俗，也會讓週遭的人刮目相看，而這便是說話的獨特與奧妙之處！

設法當喜鵲，不要當烏鴉

上班族想要出人頭地，必須獲得老闆青睞；首先就得做個「有聲音的人」，要設法讓自己當喜鵲，不要當烏鴉。

在這個現實殘酷的世界上，哀怨的「上班奴」到處都是。

許多上班族全心全力地投入工作，直到努力幾年之後才猛然發現，儘管自己爲公司做牛做馬累得半死，別人卻視若無睹，尤其是掌管加薪和升遷大權的老闆，似乎從未當面誇獎過自己，更過分的是，甚至連自己的姓名都不太記得，因而有滿腹的牢騷和哀怨。

但是，這樣殘酷的結果，並不完全是老闆的過錯。

這些哀怨的「上班奴」是否曾經換個角度想過：以一個粗具規模的公司而言，上上下下、裡裡外外，有多少人、事、物要老闆操心過問，如果自己並不起眼，那麼遭到漠視，不正是理所當然的事嗎？

因此，上班族想要出人頭地，必須先學會拍馬屁，獲得老闆青睞；想得到老闆的注重，首先就得做個「有聲音的人」。

記住，當你完成一件很棘手的任務時，第一得立刻向老闆報告，讓他知道你有一個好腦袋和快刀斬亂麻的能力，不光只是會吃飯當米蟲。

不要扭扭捏捏地認爲這種行徑是邀功爭寵，要告訴自己正面的解釋是：「我是在減輕老闆的壓力，你瞧，老闆聽了我的報告，不但不再爲了這件事頭痛，而且笑得很開心。」

千萬要記住，人都是喜歡報喜、不喜歡報憂的，因此，要設法讓自己當喜鵲，不要老是等出了紕漏才畏畏縮縮地前去找老闆想辦法。

做老闆的都喜歡聰明能幹的下屬，如果你讓老闆知道你一直都很精明幹練的話，

即使偶爾不小心惹了一點麻煩，老闆也能夠諒解。

哀怨的「上班奴」之所以哀怨，是因爲他們通常是只會埋頭苦幹，而不愛接近老闆，不懂得拍馬屁的人，有好消息時認爲老闆自然會知道，而不去向老闆報告，每次找老闆時就是報告壞消息。

這樣一來，老闆一定不希望見到這些人，因爲他們一出現就代表大事不妙，不會有什麼好事，而且老闆心中必然認爲，這些人是惹人厭的烏鴉，恨不得想盡藉口把他們趕離自己的視線。

「邀功求寵」的五大步驟

「邀功求寵」的時候不要表現太露骨，只要你能一次又一次贏得老闆的肯定，時機到了，大功自然告成，升遷晉級絕對會有你的分。

你曾經想過要如何才能讓自己擺脫哀怨的「上班奴」行列，讓老闆爲你的傑出表現喝彩，而不次晉升嗎？

其實，只要你懂得拍馬屁的技巧，熟悉向老闆喜傳捷報的「邀功求寵」步驟，就能當一隻快樂的喜鵲，從此告別黯淡的職場生涯。

第一，說話說重點，先說出事情的結果。

不要把時間和精力用來描述你做了什麼事，而是直接把結果告訴他，讓他聽了就高興得不得了。

要知道老闆很忙，在你報告成果的時候，或許他沒時間聽你訴說詳細的枝節，因此要用有限的時間，向報告老闆他最關心的事。如果時間允許的話，他自然會開口詳加詢問整個過程。

第二，說明過程的時候，要盡可能簡明扼要、條理分明，不要因爲興奮過頭，而拉拉雜雜說一堆廢話。

並且要記住，「邀功求寵」的時候不要表現太露骨，要先提別人的努力，再提自己的功勞。

第三，如果是以書面方式進行報告，一定要記得署上自己的名字，不要樂昏了頭，洋洋灑灑寫了數千言，最後卻忘了加上自己的名字。

也不要感謝了一大堆人，把直屬主管、老闆的名字統統列了上去，卻唯獨漏了自己，那豈不是最愚蠢的失誤，讓自己的心血功虧一簣？

第四，報告完了，就要適時離開。

除非老闆有意和你進一步討論，否則不要賴著不走，一副等著求賞的模樣，只要給老闆留下良好印象即可，否則，老闆肯定會覺得你是個急功近利的傢伙。

只要你能把馬屁拍到老闆的心坎裡，一次又一次贏得老闆的肯定，時機到了，大功自然告成，升遷進晉絕對會有你的分。

第五，除了向老闆報告之外，最好同時把這項好消息告訴你的上司、同事和部屬，讓他們分享你的喜悅。

這樣既可營造人緣，又可製造輿論效果，讓你的好消息持久，不會只出現曇花一現的效果。

12.
PART

說老實話要看對象

說好話會有好下場，
說實話卻未必有實際的報酬。
如果上位者沒有容人的雅量，
你最好要懂得察言觀色。

讓自己的讚美恰到好處

領導想要滿足下屬心理與精神上的需要，必須要很有技巧，使用得當，可以使手下愉快地接受和聽從指示、命令。

讚美一個人要發自內心，說話時要眞誠，有具體內容。與其隨便、胡亂地誇獎一個人，倒不如不誇獎。

如果你的下屬並沒有良好的表現和成績，你卻言不由衷地加以稱讚，他們不僅不會領情，反而會以爲你是別有用心，在找機會挖苦、嘲諷他們，如此一來，便影響你在他們心目中的形象。

想要拍部屬馬屁之時，一定要有可讚揚的事實和內容，語言要發自內心，態度

要眞誠。

適時表揚與讚美別人，是處理好人際關係的重要手段，那種吝於誇讚別人，不看別人成績與優點的人，是不受歡迎的。

有些人經常挑三剔四，或出於嫉妒，或因爲無知，對別人的優點視而不見，卻總是用放大鏡來觀察別人的缺點或短處。這種人無論到哪裡，都很難和諧地處理週遭的人際關係。

任何人都有獲得別人表揚與讚美的心理需求，無論是家人、夫妻、同事、同學、左鄰右舍，或是上下級之間，表揚與讚美都是維繫彼此關係，所不可缺少的潤滑劑。

尤其是領導者對於下屬，讚美更會有超出其他一般性質表揚的作用，因爲，領導出言表揚與讚美，就意味著下屬的工作受到了肯定。

得到了領導的重視與注意，不僅會使被表揚的人更加努力工作，而且還會使他對領導產生好感。

但是，領導者想要滿足下屬這種心理與精神上的需要，必須要很有技巧。使用得當的話，可以倍增自己的威信，順利地開展工作，使手下愉快地接受和聽從指示、命令。

反之，領導只一味指責下屬的不足和缺點，或是不加選擇、濫用讚美的手段，效果都會適得其反。

因此，一個英明的領導人要使自己的表揚與讚美恰到好處，一定要掌握一些這方面的策略。

嘴上功夫學問很大

說話，要懂得什麼時候說什麼話；說了，還要為自己說過的話負責。不巧言、不令色，有時反而突顯你的不識時務。

只要有人的地方就有馬屁文化。拍馬屁是對別人的一種恭維，文明一點的說法就是「讚美」，只要心態健全，根本無須大驚小怪，也不用扭扭捏捏。

殊不知，在各種競逐的場合中，爲了邀功求寵，爲了達到快速升遷的目的，誰不曾順著上司的心意大拍馬屁？

人與人之間的溝通，懂得如何說話、說些什麼話、怎麼把話說到對方心坎裡，這些都是很重要的地方。

嘴上功夫看似雕蟲小技，卻有可能因此扭轉你的一生。

西漢初年，漢高祖劉邦經過一番苦戰打敗項羽，平定天下之後，開始論功行賞。這可是攸關後代子孫的萬年基業，群臣們自然當仁不讓，彼此爭功，吵了一年多還吵不完。

漢高祖劉邦認爲蕭何功勞最大，就封蕭何爲侯，封地也最多，但群臣心中卻不服，私底下議論紛紛。封爵授祿的事情好不容易塵埃落定，衆臣對席位的高低先後又群起爭議，許多人都說：「平陽侯曹參身受七十次傷，而且率兵攻城掠地，屢戰屢勝，功勞最多，應當排他第一。」

劉邦在封賞時已經偏袒蕭何，委屈了一些功臣，所以在席位上難以再堅持己見，但在他心中，還是想將蕭何排在首位。

這時候，關內侯鄂君已揣測出劉邦的心意，於是就順水推舟，自告奮勇的上前說道：「大家的評議都錯了！曹參雖然有戰功，但都只是一時之功。皇上與楚霸王對抗五年，時常丟掉部隊，四處逃避，蕭何卻常常從關中派員塡補戰線上的漏洞。楚、漢在滎陽對抗好幾年，軍中缺糧，也都是蕭何輾轉運送糧食到關中，糧餉才不

至於匱乏。再說，皇上有好幾次避走山東，都是靠蕭何保全關中，才能順利接濟皇上的，這些才是萬世之功。如今即使少了一百個曹參，對漢朝有什麼影響？我們漢朝也不必靠他來保全啊！你們又憑什麼認爲一時之功高過萬世之功呢？所以，我主張蕭何第一，曹參居次。」

這番話正中劉邦的下懷，劉邦聽了，自然高興無比，連連稱好，於是下令蕭何排在首位，可以帶劍上殿，上朝時也不必急行。

而鄂君因此也被加封爲「安平侯」，得到的封地多了將近一倍。他憑著自己察言觀色的本領，能言善道，舌燦蓮花，享盡了一生榮華富貴。

孔子說：「巧言令色，鮮矣仁。」但是，在這個時代，不巧言、不令色，並不能彰顯你的仁德，有時反而突顯你的不識時務。

說話，要懂得什麼時候說什麼話，還要把話說到別人的心坎裡。一個人如果不是眞才實料，如果沒有眞知灼見，從他嘴裡吐出來的話當然就吸引不了人，也無法達成自己的目的。

說話不能只顧自己過癮

說話，通常不是說給自己聽，而是說給別人聽；既然如此，你又怎麼能不去考慮一下別人聽了這些話，會有怎麼樣的解讀呢？

無論表現得如何謙沖，人的內心總是喜歡別人奉承，有時候，即使明知對方講的只是場面話，心中還是免不了沾沾自喜。

再嚴肅正直的人也抗拒不了馬屁，這正是人性最大的弱點，因此，身爲部屬，應該多加利用各種機會拍上司馬屁。

更重要的是，即使明白上司的心思，也千萬不要故作聰明大刺刺地說出來，應該讓上司滿足一下「天威莫測」的虛榮。

說話說得好，不如說得巧；與其處處炫耀自己的能力，不如多拍別人馬屁，才能皆大歡喜。

一句話可能令你晉位升爵，但也有可能爲你惹來殺身之禍。盡信書不如無書，同樣的，如果不能融會貫通說話的學問，那就最好少言爲妙。

三國時期的楊修，在曹營內任主簿；他爲人才思敏捷，爲當時不可多得的人才之一，但是由於個性十分恃才自負，屢次得罪曹操而不自知。

某次，曹操建造一所花園，峻工後，曹操四處觀看，不發一語，只提筆在門上寫了一個「活」字，想和手下人來打個啞謎。

眾人看了都不解其意，只有楊修笑著說：「『門』內添『活』字，乃『闊』字也。丞相是嫌園門太窄了，想擴寬它。」

於是，手下們再築圍牆，改造完畢又請曹操前往觀看。曹操看了非常高興，一問之下，知道楊修毫不費力就解出自己出的謎題，嘴巴上雖然稱讚幾句，但心裡卻很不是滋味。

又有一天，塞北送來一盒酥餅，曹操在盒子上寫了「一盒酥」三字。正巧楊修進來，看了盒子上的字，竟不待曹操開口，逕自取來湯匙與衆人分食那一盒糕餅。衆人被他大膽妄爲的行徑嚇了一跳，此時，楊修嘻嘻哈哈地說：「盒子上寫明了一人一口酥，我又怎麼敢違背丞相的命令呢？」

曹操聽了，雖然勉強保持風度、面帶笑容，心裡卻十分厭惡楊修這種賣弄聰明的行爲。

曹操生性多疑，深怕遭人暗中謀害，因此謊稱自己在夢中會不自覺地殺人，告誡身邊侍從在他睡著時切勿靠近他，後來並且故意殺死一個替他拾被子的侍從，想藉此殺雞儆猴。

沒想到楊修得知這件事，馬上看穿曹操的心意，當著曹操的面喟然嘆道：「丞相非在夢中，君乃在夢中耳！」

曹操哪裡經得起這樣的冷嘲熱諷，下定決心，要把楊修這個人除之而後快。

後來，曹操率大軍攻打漢中，迎戰劉備時，雙方於漢水一帶對峙很久。曹操由於長時間屯兵，已經陷入進退兩難的處境。此時，恰逢廚子端來一碗雞湯，曹操見碗中有根雞肋，感慨萬千。

剛好夏侯淳在這時進入帳內稟請夜間口令，曹操隨口說道：「雞肋！雞肋！」夏侯淳便把這兩個字當做口令傳了出去。

行軍主簿楊修聽了這事，便叫隨行的部眾收拾行裝，準備歸程。

夏侯淳見了驚恐萬分，立即把楊修叫到帳內詢問詳情。

楊修解釋道：「雞肋雞肋，棄之可惜，食之無味。今進不能勝，退恐遭人笑，在此有何益處？來日魏王必班師矣。」

夏侯淳對楊修的這一番解釋非常佩服，於是，下令營中將士打點行裝，好鳴金收兵，準備撤退。

曹操得知這種情況，一口咬定楊修造謠惑眾，在他身上安了一個擾亂軍心罪，毫不留情地把他殺了。

楊修頗有些聰明，最後卻聰明反被聰明誤。他恃才傲物，只想一味誇耀自己的機智，完全不顧及別人的感受好惡；即使面對的是頂頭上司，都還要處處露一手，終於慘遭滅頂的命運。

說話，通常不是說給自己聽，而是說給別人聽；既然如此，你又怎麼能不去考慮一下別人聽了這些話，會有怎麼樣的解讀呢？

一個眞正懂得說話的人，不見得字字珠璣、句句含光，但是，他總是能說出對方想聽到的話。

小心在你身後搞詭的人

凡事抱持著一定的危機意識，為自己做好安全準備，就能以不變應萬變，徹底防範那些想在你身後搞詭的人。

越是成就突出的人，越容易遭人妒忌，正所謂「鶴立雞群」、「樹大招風」，站在顯眼處的人，很容易被暗箭所傷，要特別提防被人扯後腿。

如果你已經成爲小人眼中的攻擊對象，以下有五種技巧可以幫助你保住地位、改變處境，以防禦小人的侵害。

・收集證據

如果你的失敗是因爲他人在暗地裡搗鬼的緣故，一旦查明眞相之後，應該盡快將事實抖露出來。比方說投訴相關人員，表示是因爲某人「丟失」了你應該得到的通知或備忘錄，或者故意不提供你有關的資訊，才會造成你的作業失誤，以此盡快澄清自己的清白。

你最好能將自己的工作詳細記錄，包括接到工作任務、備忘錄的時間，以及沒能及時接收的佈達資訊或行動措施等，然後將所有的情況彙報給上司。一旦證據確鑿，領導者當然會明白誰才是眞正應該受到指責的人。

•正視給你製造麻煩的人

忍氣吞聲並不一定能夠解決問題，有時候，你必須正視你的敵人，給予他們當面的警告，顯示你對這件事的重視程度。

如果有人故意從你桌上取走檔案，導致你的工作延誤，面對「兇手」狡辯之時，你大可以理直氣壯對他說：「當然，你會說你沒有這麼做，但是你我都知道這裡到底發生了什麼事。」

對方或許會推卸責任，也或許會栽贓他人，或許只是一聲不吭地站在那兒。如果對方保持沈默，你則可以繼續說：「我想這些檔案再也不會丟了，這種情況應該也不會再發生了，你說是不是？」

如此，可以讓對方知道，你很清楚他們的作爲，雖然這次不予計較，但下次就不會善罷干休了，期望下不爲例。如果你假裝不知道、當做沒發生，對方反而會誤以爲你感到害怕，那麼這些困擾你的事將會層出不窮。

・對自己所做的事心中有數

當某人試圖貶低、否定你的成績時，不用立刻在口頭上爭回面子。

這時候，你必須對你自己一清二楚，最好還有書面資料佐證，這樣才是最有力的自我保護方式。

將你所做的一切都記錄下來，不管是書面的還是口頭的。例如，如果你提高十五％的銷售額，你就可以這麼說：「去年我給公司帶來了……利潤。」讓上司清楚知道你的成就與績效。

事實就是事實，當你做出了確實的成績，也有確實的證據可以佐證，任他人怎麼樣也無法否認和貶低。

身爲領導者應該會發現，有些人很喜歡被特別看待，甚至爲了得到特別待遇而費盡心機。這種人的目的其實很簡單，希望你能夠看到他的成果，希望領導者對他的表現感到滿意。

• 公開自己的目標

如果這樣的人名實相符，透過眞正的實力獲得良好的成績，那麼讚揚他也是理所當然的事。但是如果只爲了汲汲於名利而將別人的功勞往自己身上攬，就會欺壓到別人的權益，如果領導者不能明辨是非，勢必會引起其他人的不滿。

爲了應付這種情況，領導者可以將所有的計劃與預訂目標全都明文公佈，對於員工的表現也同樣確實記錄，如此一來誰有功、誰有過就一目瞭然了。

有了白紙黑字的記錄，在公正、公開的情況下，主管就不用爲了該如何賞、如何罰而傷腦筋了。

•明辨誰是可以信任的

有句話說：「人心如面，各不相同。」即使兩個人再親近、再熟悉，也很難確定自己一定完全明瞭對方的想法。

在職場上，輕易善信他人的人，往往特別容易受到傷害。因此，在你還未能信賴對方之前，不要肆意談論自己的計劃或想法，否則一旦別人從談話中竊走你的想法，可就得不償失了。

此外，與他人結盟合作，剛開始也無須談論過度細節的內容，並且慎選場所，以免遭受無謂的損失。

待人處事，其實沒有什麼了不起之處，最重要的是學會了解對方是怎麼樣的人、會有什麼樣的想法。

在職場中，彼此競爭在所難免，不用防人到底，也不要輕信於人；凡事抱持著一定的危機意識，多爲自己做好安全準備，就能以不變應萬變，徹底防範那些想在你身後搞詭的小人。

說老實話要看對象

說好話會有好下場，說實話卻未必有實際的報酬。如果上位者沒有容人的雅量，你最好要懂得察言觀色。

喜歡聽好聽的話，不喜歡老實話，是人性根深柢固的弱點之一，握有某些權力的人這種傾向更加濃厚。

因此，在現實生活中，只要是想討別人歡心，我們幾乎不得不隱藏一些老實話，說些動聽的話語，讓對方心花朵朵開。

拍馬屁的要訣就在於：別人不喜歡聽的老實話千萬不要說，相反的，把稀鬆平常的小優點說得彷彿是了不起的大事。

如果你自認擁有滿腹經綸，工作又相當賣力，卻在現實環境裡懷才不遇，可曾仔細想過到底哪裡出了問題？

答案就是你只知道「大鳴大放」，不曉得如何拍人馬屁。

越是民主的時代，就有越多的「假民主」；人人高舉著民主的旗幟，所表現出來的卻往往是「在我允許範圍內的民主」。最怕是你把「假民主」當成了「眞民主」，到頭來連自己怎麼死的都不知道。

有一次，森林裡的老虎大王把百獸召集過來。牠態度十分誠懇，面帶微笑，客客氣氣地宣佈：「諸位！本大王管理動物王國多年，犯了不少毛病，也有過許多錯誤；現在，趁這麼難得的機會，希望大家有話直說，提供寶貴意見和建議，本人一定廣納雅言，盡力改進，讓我們的動物王國明天會更好。請大家有什麼說什麼，多多發言吧！」

動物們聽完老虎大王的肺腑之言，都深受感動。

第一個舉手發言的是山羊，牠說：「大王！您經常不尊重其他動物的生存權，隨意將我的同胞置於死地。山羊肉固然美味，但您也要適可而止，希望您可以改掉這個壞毛病。」

老牛在動物界資歷最久，牠也跟著說：「大王！您在上一次選動物幹部時太不公平了，任用的都是那些給您禮物，以及拍您馬屁的人。這個毛病一定要改，否則，我們動物王國主事的都是那些心術不正的人，真正的好人沒有出頭機會，這樣是會後患無窮的。」

眼看森林的大老們都發言了，狗熊也跟著忿忿不平站起來說：「大王！您專搞『一言堂』，簡直是共產黨，從來不把其他動物的意見當回事；您這麼剛愎自用，大家對您的意見可多了。」

狗熊才剛說完，大家便打鐵趁熱，一個一個爭先恐後地向老虎大王大抒己見。老虎大王靜靜地聽著，臉色越來越難看，身體也微微顫抖。

狐狸一看情勢不對，趕緊出來說好話了，只見牠畢恭畢敬地說：「大王！我要向您提出三個意見。第一、大王您經常超時工作，太不注意身體保健了，萬一不小心累壞了身體，就會影響您的領導能力，這對整個動物世界的繁榮是多麼大的損失啊！第二、大王您事必躬親，許多工作本來可以交給其他動物去做，但是，您卻不辭辛勞親自動手，這會讓大家心裡很過意不去的，拜託您以後不要再這麼任勞任怨了。第三、大王您作爲一位雄性動物，卻不時常接近雌性動物，這樣怎麼繁衍後代呢？說不定雌性動物還會覺得您架子大，對您望而生畏，進一步影響您的女性票源。您應該要徹底改正這個缺點，建立您博愛親切的形象才對。」

第二天，森林裡再也找不到山羊、老牛、和狗熊的蹤影。

而且老虎大王還聘請狐狸作爲特別助理，因爲牠昨天晚上不小心一口氣吃下太多東西，現在得了腸胃炎；而在牠休養的這段期間，當然就由狐狸來替牠繼續「執政」了！

老虎大王的確是想廣納「雅言」，但是，這裡所謂的「雅言」，卻是「牠想聽的雅言」，也就是馬屁話。

法國思想家拉羅什富科說過：「很少有人那麼聰明，能夠寧取有益的責備，而捨棄不忠的稱讚。」

的確，人人都愛聽好話，這也是爲什麼任何一個朝代都有小人當道的原因。在甜言蜜語的包裝下，你裡頭包的是什麼料，根本沒有人在意。

說好話會有好下場，說實話卻未必有實際的報酬。如果上位者沒有容人的雅量，你最好要懂得察言觀色。

不是教你逢迎拍馬，而是提醒你忠言逆耳，禍從口出；那些發自內心的肺腑之言，還是要選擇對的人才說！

提防馬屁精笑裡藏刀

除非上司是一位典型的「昏君」，否則，無論如何都不能選這種迎逢拍馬的人當主管，因為，有時這種人連做個稱職的員工都不夠資格。

想要拍人馬屁，首要條件就是要誠心正意，展現出認眞的態度，就算演戲，也要演得跟眞的一樣。

因爲，言詞會反映一個人的心理狀態，虛情假意或是輕率的說話態度，很容易被對方識破而產生不快的感覺。

生性諂媚阿諛的人，之所以不惜屈尊對上司迎逢拍馬，原因不外爲了自己的陞遷，或是爲了改善環境條件，或是爲了自己的子女就業，或是爲了求得職務上的保護，或是爲了借上司的信任和威風來擴大自己的尊嚴……所有的這些目的，無疑都需要上司來成全。

上司在他們的眼裡，完全成了達到自己個人目的的「希望之樹」，所以除了千方百計設法諂媚外，別無他途。在他們眼裡，吹捧上司就會得利，而反駁上司的人只會吃虧。

這種人說的是一套，做的又是另外一套，表面上唯命是從，實際上暗藏禍心。「笑裡藏刀」是這種人最生動的寫照。

迎逢拍馬的風氣盛行下去，勢必弄得眞假難辨、是非不分、小人吃香、好人受氣，工作難以開展，員工的積極性受到壓抑。

很顯然，除非上司是一位典型的「昏君」，否則，無論如何都不能選這種迎逢拍馬的人當主管，因爲，有時這種人連做個稱職的員工都不夠資格。

但是，不可否認的是，這種喜歡拍馬屁的人在許多公司裡卻往往能夠左右逢源。其主要原因不外兩個：

智謀經典

26

做人要有謀略，做事要有策略

作　　者　公孫先生
社　　長　陳維都
藝術總監　黃聖文
編輯總監　王　凌
出 版 者　普天出版家族有限公司
新北市汐止區忠二街 6 巷 15 號
TEL / (02) 26435033 (代表號)
FAX / (02) 26486465
E-mail：asia.books@msa.hinet.net
http://www.popu.com.tw/
郵政劃撥 19091443 陳維都帳戶
總 經 銷　旭昇圖書有限公司
新北市中和區中山路二段 352 號 2F
TEL / (02) 22451480 (代表號)
FAX / (02) 22451479
E-mail：s1686688@ms31.hinet.net
法律顧問　西華律師事務所・黃憲男律師
電腦排版　巨新電腦排版有限公司
印製裝訂　久裕印刷事業有限公司
出 版 日　2020 (民 109) 年 5 月第 1 版
ISBN◉978-986-389-720-0　　條碼 9789863897200

國家圖書館出版品預行編目資料

做人要有謀略，做事要有策略／
公孫先生著.—第 1 版.—：新北市,普天出版
民 109.05 面； 公分. -（智謀經典；26）
ISBN◉978-986-389-720-0（平裝）

Be Human
by Wisdom

Thick Black Theory is a philosophical treatise written by Li Zongwu, a disgruntled politician and scholar born at the end of Qing dynasty. It was published in China in 1911, the year of the Xinhai revolution, when the Qing dynasty was overthrown.

Be Human
by Wisdom

做人要聰明

做人多一點心眼，做事多一點勝算

做事要精明

靈活處事篇

孟德斯鳩曾說：

「我一直認爲，一個人想要獲得成功，就必須表面上忠厚老實，實際上暗留一點心機。」

確實如此，在這個爾虞我詐的社會裡，當個正直的老實人固然值得稱許，但是一定要多留幾個心眼，千萬不能忽略人性中的狡詐虛僞、言行不一……等黑暗面。做人一定要具備一點心機，做事也必須運用一些必要的手段，才能避開各種陷阱和危機，更能借力使力，開創自己成功的契機。

Thick Black Theory is a philosophical treatise written by Li Zongwu, a disgruntled politician and scholar born at the end of Qing dynasty. It was published in China in 1911, the year of the Xinhai revolution, when the Qing dynasty was overthrown.

金澤南 編著

有一天，機會終於來了。南邊傳來災情，有一窩毒蛇暗地傷人，經常爲非作歹；而一向勇猛過人的黑熊自然當仁不讓，自告奮勇要去闖一闖蛇島，好好地整治一下那群冷血的傢伙。

動物王國裡的動物們深知這不是一件容易的事，十分反對黑熊的冒險行動。黃牛好心地勸阻道：「蛇島是去不得的，那裡的毒蛇非常刁鑽狡猾，一旦被咬了，會沒命的。」

猴子也跟著說：「我有一個同伴就是在蛇島上被咬傷，毒發身亡的；聽說牠當時面色發黑，死狀慘極了。」

老鷹說：「蛇島上的毒蛇的確厲害，即使我們這些長翅膀的，想對付牠們都非常謹慎，這是攸關性命的大事啊！」

這時，狐狸忍不住說話了，「你們全部都是膽小鬼，毒蛇雖然有毒，但是在黑熊這麼勇猛的英雄面前，肯定是會嚇得屁滾尿流的。牠們也不打聽打聽我們的黑熊是誰，可是一代名將，膽大心細、銳不可擋。除了黑熊，還有誰有資格向毒蛇挑戰？你們這些只會說風涼話的動物啊！全是一群窩囊廢！」

黑熊聽了狐狸的一番「美言」，得意得合不攏嘴，心裡暢快得直要飛進雲霄裡去，一股熱血直上心頭。

黑熊認爲只有狐狸最了解他，說了公道話，知道自己的能力和本事不容小覷：「既然別的動物都不把我放在眼裡，我更要去蛇島把那些毒蛇趕盡殺絕，讓大家心服口服，見識一下我的厲害。」

於是，黑熊意氣風發來到蛇島，眾毒蛇發現有一個龐然大物大搖大擺地前來侵犯，便分頭向黑熊進攻。

黑熊雖然行動矯捷，卻仍不如毒蛇的滑溜輕巧；防不勝防之下，黑熊終於被咬得遍體鱗傷，毒性發作，癱倒在地。

臨死時，黑熊恍然大悟，害死自己的不是別人，正是那隻比毒蛇還要毒的狐狸。狐狸再一次靠著自己的甜言蜜語達到目的。

狐狸比誰都還深知毒蛇的危險，牠也看穿黑熊「英雄主義」的心理，因此順水推舟，趁機送上虛僞的奉承讚美，讓黑熊被灌了一肚子迷湯，相信自己眞的是無所

不能的英雄。

要陷害一個人，不必舉槍拔劍，只要力勸他去做能力所不及的事，然後等待他從雲端摔下來就可以了。

人可以自私自大，但是不能不自知；你可以高估自己的能力，但是不能不知道自己究竟有幾斤幾兩重。

過度的讚美，是毒藥；你可以端在手上，但是千萬不能喝進胃裡去。

若要送禮，就要送得不露痕跡

在日常生活中，我們必定有送人禮物或是收受別人禮物的時候，千萬別把一件禮尚往來的美事變得像粗鄙的行徑。

現今的社會，送禮是相當平常的事，一點也不稀奇。但是，送禮大都是爲了某種目的，或達到自己所期望的某種需求。收受禮物的人，一般而言也能悟出這「禮物」所含的用意。

然而，送禮物是一門藝術，既要送得不露痕跡、恰到好處，更要講究技巧。送禮物給別人，最重要的是要送得恰到好處，如果讓對方知道你是特地送禮致意，就成爲低俗無比的事。

送禮物千萬不要流露謀求回報的心理，否則就成了庸俗的行爲。

日本某家電器公司的社長，爲人海派，出手大方，奇怪的是他的聲望甚差，有人暗中查訪原因，終於發現癥結所在。

原來，他的敗筆在於每次送禮給別人之後就到處廣播：「我送給××這個，給××怎樣的好處……」

在日常生活中，我們必定有送人禮物或是收受別人禮物的時候，千萬別把一件禮尙往來的美事變得像粗鄙的行徑。

總之，送禮要送得若無其事，送禮之時更不可以有要求回報的心理，不求回報才顯得更有價値。

Be Human by Wisdom

Thick Black Theory is a philosophical treatise written by Li Zongwu, a disgruntled politician and scholar born at the end of Qing dynasty. It was published in China in 1911, the year of the Xinhai revolution, when the Qing dynasty was overthrown.

Be Human by Wisdom

要當好人

做人做事必須知道的安全法則

先當聰明人

應對進退篇

托爾斯泰曾說：

「想做個人人稱讚的好人，力求誰都知道自己是個好人，無疑是最愚蠢的。」

確實如此，人往往爲了面子和虛榮，強迫自己裝扮成好人的面目，以贏得別人的讚許，最後卻讓自己苦不堪言。

人生的陷阱無所不在，許多人被坑被騙，並不是他們的智商不足，而是他們一味想當個「人見人愛」的好人，不管什麼人都不加提防，不管什麼事都不好意思拒絕，結果自然是一再被坑、被騙、被利用、被陷害，成了不折不扣的蠢蛋。

Thick Black Theory is a philosophical treatise written by Li Zongwu, a disgruntled politician and scholar born at the end of Qing dyuasty. It was published in China in 1911, the year of the Xinhai revolution, when the Qing dynasty was overthrown.

王渡 編著

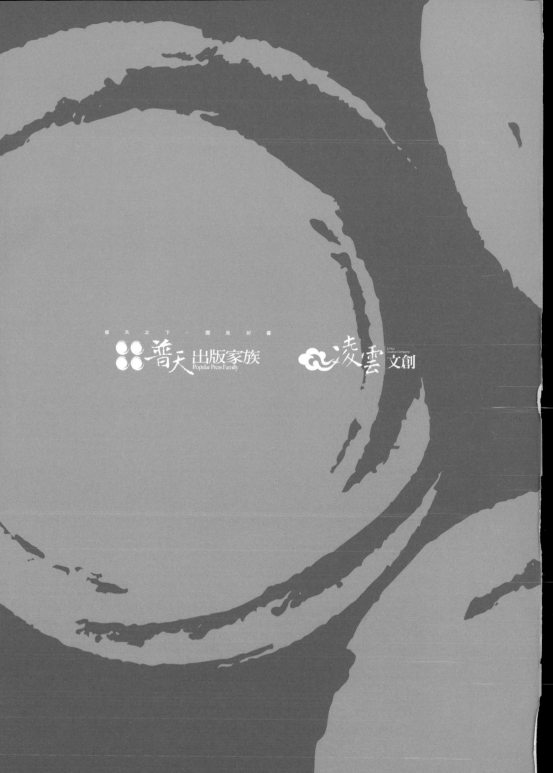